ro
ro
ro

Seit mehr als dreißig Jahren fliehen die Frauen aus den Häusern, verlassen Kirche, Küche, Keller, kriegen keine Kinder mehr, verweigern einer alternden Gesellschaft den Nachwuchs und fordern: Die Hälfte der Welt für uns! Nur die Hälfte? Den Männern schwant Schlimmeres ...

Dieses Buch enthüllt die Wahrheit über den ewigen Kampf zwischen den Geschlechtern. Christian Nürnberger, Frauenversteher und im Pulverdampf des Geschlechterkriegs ergrauter Schattenmann, kennt keine Angst vor dem Feind. Aber er fordert ein Ende der Kampfhandlungen und macht den Frauen ein Friedensangebot. Dabei enthüllt er die Wahrheit über den ewigen Konflikt zwischen den Geschlechtern und zeichnet ein liebevolles Porträt einer faszinierenden Spezies und zugleich das Manifest einer neuen Männerbewegung.

Christian Nürnberger, geboren 1951, war Lokalreporter bei der «Frankfurter Rundschau», Redakteur bei «Capital» und Textchef bei «Hightech». Er ist mit Petra Gerster verheiratet, mit der er die Bestseller «Der Erziehungsnotstand» und «Stark für das Leben» geschrieben hat. Seit der Geburt ihres ersten gemeinsamen Kindes ist er freier Autor.

Christian Nürnberger

Wenn Männer schwanger würden

Ein Friedensangebot

Rowohlt Taschenbuch Verlag

Für Petra

Veröffentlicht im Rowohlt Taschenbuch Verlag,
Reinbek bei Hamburg, Juni 2007

Umschlaggestaltung ZERO Werbeagentur, München
(Titelillustration: Budrovic/SIS/Picture Press)
Satz Pinkuin Satz und Datentechnik, Berlin
Druck und Bindung Clausen und Bosse, Leck
Printed in Germany
ISBN 978 3 499 61498 9

Inhalt

Was können wir wissen, was dürfen wir hoffen, was sollen wir tun?

Eines Tages stand plötzlich Giovanni wie aus dem Erdboden gewachsen vor meinem Schreibtisch und sprach: «Du sollst uns ein Buch über Frauen schreiben, Harry.»

«Unmöglich», antwortete ich, «ich bin der größte Frauenmissversteher der nördlichen Halbkugel und wahrscheinlich auch der südlichen, aber da kenne ich mich nicht so aus.»

«Das kann nicht sein», sagte Giovanni, Lektor bei einem renommierten Verlag. «Da du seit rund zwanzig Jahren Tisch, Bett und all den anderen Ärger mit ein und derselben Frau teilst, musst du über irgendein Wissen verfügen, das dir diese Leistung ermöglicht.»

«Leistung?», antwortete ich. «Wer sagt dir denn, dass es sich dabei nicht um pure Trägheit handelt? Und wenn schon Leistung, warum soll es *meine* Leistung sein und nicht die von Katja? Wie ich diese zwanzig Jahre heil überstanden habe, ist mir selbst ein Rätsel. Außerdem gibt es auch heute noch Tage, an denen mir Katja völlig unverstehbar erscheint. Andere Männer mit schwächeren Nerven würden an solchen Tagen davonlaufen. Vermutlich liegt darin der ganze Witz des heutigen Beziehungs-Schlamassels: Männer haben zu schwache Nerven.»

«Harry», sagte Giovanni, «wenn es so einfach wäre,

wie du behauptest, wie erklärst du dir dann die hunderttausend Meter Buch, die jedes Jahr über die Krise zwischen Männern und Frauen geschrieben werden?»

«Keine Ahnung. Vielleicht haben die Leute zu viel Zeit zum Bücherschreiben, vielleicht haben sie zu viel Zeit, sich mit sich selbst zu beschäftigen. Früher, als man noch sechs Tage in der Woche arbeiten musste, gab es bedeutend weniger Ehescheidungen. Die Empfehlung diverser Regierungskommissionen, wieder mehr zu arbeiten, würde vermutlich nicht nur unser Land, sondern auch unsere Ehen retten.»

«Lenk nicht ab», sagte Giovanni, «schreib mir das Buch.»

«Ich weiß nicht, was ich schreiben soll», erwiderte ich wahrheitsgemäß.

«Du willst dein Geheimwissen mit niemandem teilen? Willst die leidende Menschheit immer tiefer in Beziehungsstress und Liebeschaos versinken sehen? Willst dich am Elend derer laben, die von einer Ehekatastrophe in die nächste taumeln? Du bist auch nicht mehr wert als der Schaum zwischen den Hinterbacken der Rösser der berühmten Bestattungsfirma Bellomondo, während sie an einem heißen Augusttag nach der achten Beerdigung die steile Straße zum Capodimonte hinaufziehen.»

Schmähen können sie, die Italiener, das muss man ihnen lassen. Aber will man mit so einem verheiratet sein? Es wundert mich nicht, dass Giovanni schon drei Ehen, zwei Lebensabschnittspartnerschaften und fünf Paartherapien hinter sich hat. Zurzeit lebt er mit einem Hund und zwei Katzen zusammen, und nicht einmal diese Beziehungen funktionieren. Wahrscheinlich ist er kreuzunglücklich, sehnt sich nach der endgültigen Liebe mit einer Frau, die ihm Mama, Hure und Heilige in einer Person ist, und will von mir jetzt eigentlich nur wissen, wie er so eine finden soll. Aber ich tauge nicht zum kleinen Beziehungsberater und erst recht nicht zum großen. Ich werde Giovanni diese Idee ausreden müssen.

Daher fragte ich ihn: «Wieso überhaupt ein Buch über Frauen von einem Mann? Stünde es mir nicht viel besser an, ein Buch über Männer zu schreiben?»

«Das gibt es schon», sagte Giovanni.

«Und, haben's die Männer gelesen?»

«Nein, die Frauen.»

«Und das Buch über die Frauen sollen jetzt die Männer lesen?»

«Nein, die Frauen. Männer lesen nicht. Frauen möchten die Männer und sich selbst verstehen, darum lesen sie.»

«Und Männer möchten nicht die Frauen und sich selbst verstehen?»

«Männer meinen, sie hätten schon alles verstanden.»

«Kann sich unser Industriestandort Deutschland Männer leisten, die nicht lesen und meinen, alles schon verstanden zu haben?»

«Natürlich nicht. Darum geht es unserem Industriestandort ja so, wie es ihm geht. Also, Harry, schreibst du jetzt das Buch?»

«Wenn es das Buch schon gibt, in dem Frauen erklärt wird, wie Männer ticken, Männer aber nicht lesen, weil sie offenbar nicht interessiert, wie Frauen ticken, liefe es also auf ein Buch hinaus, in dem Frauen erklärt wird, wie sie selber ticken. Du glaubst doch nicht im Ernst, dass sich Frauen heutzutage von einem Kerl wie mir erzählen lassen, wie sie ticken.»

«Du sollst ja auch kein Buch schreiben über die Frau als Uhr oder Zeitbombe, sondern etwas Ernstzunehmendes, Innovatives, Grundsätzliches, was über den Tag hinaus Bestand hat.»

«Ist nicht alles schon gesagt und geschrieben worden zu diesem Thema?»

«Ja, aber es muss immer wieder neu gesagt und geschrieben werden.»

«Gibt es nicht Heerscharen von Psychologen, Therapeuten, Eheberatern, Aggressionstrainern und nicht zuletzt Dichtern und Denkern, die das Thema erschöpfend abgehandelt haben? Warum soll ich als blutiger Laie jetzt auch noch auf dieser abgegrasten Wiese grasen?»

«Ach Harry», sagte Giovanni, «unter den Heerscharen grasender Berater gibt es kaum einen, der auf eine 20-jährige Beziehung mit einer einzigen Frau zurückblicken kann. Würdest du dich von einem Anwalt beraten lassen, der noch nie einen Prozess gewonnen hat?»

Das leuchtete mir ein. Dennoch fragte ich mich: Warum will er plötzlich ein Buch über Frauen von mir? Ich muss ihm diesen Quatsch ausreden. Schließlich haben wir ganz andere Probleme. Die Regierung wankt, das Ozonloch wächst, Vater Rhein trocknet aus, Hitze und Dürre künden vom Treibhauseffekt, wir versagen bei der Erziehung unserer Kinder, die Bildung der Deutschen besteht nur noch aus Lücken, Dieter Bohlen gilt als der bedeutendste Deutsche, und seit Helmut Kohl die Arbeitslosen halbieren wollte, verdoppeln sie sich jedes Jahr – darüber müsste man mal ein Buch schreiben.

Kühl beschied ich meinen Lektor: «Ich weiß nicht, was ich über das Thema zu sagen hätte. Es geht mir auf die Nerven, dieses ewig gleiche Frauenmagazin- und Talkshowgeschwätz über Männer und Frauen, die drin sind in einer Beziehung und rauswollen oder draußen sind und reinwollen. Wahrscheinlich steckt darin das ganze Geheimnis meiner 20-jährigen Ehe, dass mir dieses ermüdende Rein und Raus noch nervenzerrüttender erscheint als die Mühe, mit einer einzigen unverstehbaren Frau einigermaßen friedlich den Alltag zu bewältigen und sie dabei langsam verstehen zu lernen. Im Grunde weiß ich auch nicht viel mehr als die Harlekin-Garnele, über die ich in der Zeitung gelesen habe, dass sie total monogam lebt, weil, wie der Max-Planck-Direktor Wickler herausgefunden haben will, die fortdauernde Partnerschaft den Garnelenstress lindere und auf diese Wirbellosen beruhigend wirke.»

«Du sollst nicht über Harlekin-Garnelen schreiben», sagte mein Lektor, «auch nicht über Rein-Raus-Kisten, sondern über die Liebe.»

«Über die Liebe? Spinnst du? Du wirst doch wohl wissen, dass man über die Liebe schon lange nicht mehr unschuldig schreiben kann, eigentlich überhaupt nicht mehr, und wenn doch, dann allenfalls noch im Stil der Farce oder der Tragikomödie.»

«Du hast eben was Schönes gesagt», schmeichelte mir Giovanni, «du hast gesagt, dass es darauf ankomme, mit seiner unverstehbaren Frau irgendwie einigermaßen friedlich den Alltag zu bestehen und sie dabei immer besser verstehen zu lernen. Die Wörtchen friedlich und verstehen», sagte Giovanni träumerisch, «die sind's. Es gibt eine große Sehnsucht nach Frieden und liebendem Verstehen. Das ist das Megathema, dein Thema, schreib's auf.»

Giovanni redete sich in eine schwer nachvollziehbare Begeisterung hinein: «Du könntest eine deiner Lieblingsanekdoten unterbringen, diese Geschichte von den Geschirr spülenden Physikern in Heisenbergs Hütte, wo Niels Bohr oder Werner Heisenberg, oder ist es Einstein, na, du weißt schon, wo einer dieser Großphysiker sagt, zu philosophischen Wahrheiten gelange man auf ähnliche Weise wie zu sauberem Geschirr auf der Alm. Man spült das schmutzige Zeug in schmutzigem Wasser, trocknet es mit schmutzigen Tüchern ab, und am Ende ist es sauber. Das könntest du doch auf die Ehe übertragen. Die zwei Geschlechter in ihrer schmutzigen Brühe des prinzipiellen Nichtverstehens reiben sich aneinander, zoffen sich, brüllen, schlagen um sich, und dabei klärt sich auf geheimnisvolle Weise die trübe Brühe, am Ende sehen die beiden klar, und sie erkennen einander.»

«Du meinst: durch gegenseitiges Nichtverstehen zum Verstehen und schließlich zum ewigen Frieden? Soll ich vielleicht das Ende des Geschlechterkriegs ausrufen?»

«Nicht schlecht. So könnte man es auf den Punkt bringen. Du würdest den Friedensnobelpreis bekommen, es herrscht zurzeit Kandidatenmangel für diesen Preis.»

«Friedensnobelpreis? Für mich? Das ist allerdings etwas anderes», sagte ich, «verdient hätte ich ihn, daran kann kein Zweifel bestehen. Vielleicht hast du Recht, vielleicht sollte ich das Buch schreiben, um dem Nobelpreiskomitee aus seiner Verlegenheit zu helfen. Sie werden froh sein, endlich einen so überzeugenden Kandidaten gefunden zu haben.»

«Du wirst also liefern?»

«Friedensnobelpreis», sagte ich, «das ist eine ganz neue Herausforderung, vor so etwas darf man sich nicht drücken, da rennt man nicht weg. Also gut, ich nehme dein Angebot an.»

«Wie könnte denn der Titel lauten? ‹Das Geheimnis trüber Brühen› oder ‹Klare Brühe› oder vielleicht ‹Zum ewigen Frieden›?»

«Quatsch», sagte ich, «andererseits, es stimmt, man muss es philosophisch aufziehen. Immer, wenn es nicht mehr weitergeht – und die überbordende Fülle der Rein-Raus-Literatur ist ja ein Beleg, dass es tatsächlich schon lange nicht mehr weitergeht –, sind wir genötigt, zu philosophieren und die grundlegenden Fragen zu stellen, etwa von der Art: ‹Wer spült? Wer kocht? Wer putzt? Wer bügelt?›»

«Ich fürchte, die grundlegende Bedeutung dieser philosophieträchtigen Fragen wird noch nicht von allen verstanden», wandte Giovanni ein.

«Da kannst du Recht haben», gab ich zu, «vielleicht sollten wir die Fragen daher doch lieber in ihrer klassischen Form stellen, also etwa so:

‹Frauen. – Was können wir wissen? Was dürfen wir hoffen? Was sollen wir tun?›»

«Das ist gut», sagte mein Lektor, «das ist sehr gut, vielleicht ein bisschen zu lang, aber gut. Also, schlag ein.»

Giovanni reichte mir die Hand, und ich schlug ein.

Wir öffneten eine Flasche Rotwein. Danach noch eine und dann noch mehrere. Als wir uns verabschiedeten, erhob Giovanni im Hinausgehen den Zeigefinger und sagte: «Aber, mein Freund, wir sind uns doch einig, dass du ein Buch über Frauen schreibst? Also nichts über den Urknall, nichts über Chaosforschung, nichts über Computer und künstliche Intelligenz!»

«Es hängt zwar alles mit allem zusammen, und darum ziehe ich nur ungern willkürliche Grenzen, aber ich weiß sehr wohl zwischen den wirklich wichtigen Themen und gewöhnlichen Frauengeschichten zu unterscheiden», sagte ich, «mach dir also keine Sorgen. Du wirst ein Buch über Frauen kriegen.»

«Ein Buch, das den Geschlechterkrieg zu einem guten Ende bringt», sagte er.

«Ein Buch des Friedens, des gegenseitigen Verstehens und der Liebe», antwortete ich.

Wir umarmten uns.

Ich ging zu Katja, erzählte ihr alles, und sie fand die Idee blöd. Das ist normal. Sie findet die meisten meiner Ideen blöd. Und wenn sich eine Idee später als doch nicht so blöd herausstellt, behauptet sie einfach, es sei ihre Idee gewesen. Außerdem tadelte sie mich, weil ich die Gläser und Flaschen auf dem Wohnzimmertisch hatte stehen lassen.

Ich liebe sie trotzdem.

Der Fluch des Ibsenweibes

Neulich fragte ich einen der letzten wirklich Konservativen unseres Landes, warum er noch immer die Frauen unterdrücken möchte. «Weil es sich bewährt hat», sagte der im Talkshow-Dunst ergraute Herr.

Das leuchtet ein. Wenn es tatsächlich so sein sollte, dass uns die Frauen auf allen wichtigen Gebieten prinzipiell überlegen sind, wie man jetzt überall lesen kann, dann hatten wahrscheinlich schon die Steinzeitmännchen größte Mühe, ihrer Weibchen Herr zu werden. Irgendwoher muss die männliche Urangst vor dem Weib schließlich kommen.

Daher, so vermute ich, haben sich die Männchen auf ihre einzige Stärke besonnen, also auf ihre hormonell geförderten Bizepse, haben die Weibchen in die Höhlen geprügelt, und damit herrschte endlich Ruhe im Stall.

Das war zwar barbarisch, aber doch so überzeugend, dass die Barbaren, als sie sich zivilisierten, das bewährte Prinzip in die Zivilisation hinüberretteten. In Persien etwa wurden die Frauen von der Poesie ausgeschlossen. Dort hieß es: «Wenn die Henne krähen will, so muss man ihr die Kehle durchschneiden.»

Sachlicher, doch genauso deutlich schrieben die Alttestamentler, das Weib sei dem Manne untertan. Dann kam Jesus, sorgte kurzzeitig für Aufruhr, indem er auch die Frauen gewähren ließ, und das, so erkannte Paulus, kann nicht gut gehen, weshalb er Jesus korrigierte und, die bewährte Ordnung wiederherstellend, die Losung ausgab: Das Weib schweige in der Gemeinde.

Damit herrschte ein paar Jahrhunderte lang Ruhe, bis sich die römische Kirche der weiblichen Aufsässigkeit nur noch durch Hexenverbrennungen zu erwehren wusste. «Durch die Frau kam das Gift, durch Christus das Heil», lehrten die Päpste und Bischöfe, und noch heute sind sie der Meinung, dass man die Frau zwar ganz gut brauchen kann, um die Kirche zu putzen, aber nicht, um auf der Kanzel zu predigen und am Altar die Sakramente zu spenden.

Schließlich kam wieder ein Aufrührer, Luther, und immer, wenn es Aufruhr gibt und gesellschaftliche Ordnungen stürzen, wittern die Frauen Morgenluft, trachten danach, den Männern das Zepter aus der Hand zu reißen, so auch damals, während der Reformation. Luther sah sich, bei aller Liebe zu Käthchen, genötigt, seine evangelischen Christen zu lehren: «Ob sich die Frauen auch müde und zuletzt todt tragen, das schadt nicht, laßt nur todt tragen, sie sind darum da.»

Heute sind evangelische Theologinnen stolz, wenn sie sich den Lutherrock umhängen dürfen. Und rührend ist ihr Versuch, im Männertrio Vater, Sohn und Heiliger Geist wenigstens dem Geist ein Kleid anzuziehen. Aber ihre Geistin kommt vom griechischen Pneuma, und das ist sächlich. Der Versuch, eine Göttin durchzusetzen, hat nur in der Esoterikszene geklappt, und mit Maria haben Protestantinnen so ihre Schwierigkeiten.

Nach Luther, Pest und Dreißigjährigem Krieg hatten die Leute andere Sorgen, als sich im Geschlechterkampf zu zerreiben, aber die Angst vor dem Weib blieb immer virulent, daher haben sich auch Generationen von Philosophen an dem Problem abgearbeitet. Dank unermüdlicher feministischer Aufklärungsarbeit kennen wir die Sprüche in- und auswendig: «Angeborener Schwachsinn des Weibes», «Du gehst zu den Frauen? Vergiss die Peitsche nicht!» oder «Wenn ein Weib gelehrte Neigungen hat, so ist gewöhnlich etwas an ihrer Geschlechtlichkeit nicht in Ordnung.» Und natürlich konnte die These nicht ausbleiben, dass das Abendland untergeht, wenn Frauen nicht mehr Frauen bleiben, sondern Mannweiber werden wollen, oder «Ibsenweiber».

Im «Ibsenweib» erkannte Oswald Spengler die Agentin des Untergangs, «die Kameradin, die Heldin einer ganzen weltstädtischen Literatur vom nordischen Drama bis zum Pariser Roman». Statt der Kinder, so schreibt der Philosoph, haben diese Weiber «seelische Konflikte, die Ehe ist eine kunstgewerbliche Aufgabe, und es kommt darauf an, ‹sich gegenseitig zu verstehen›. Es ist ganz gleichgültig, ob eine amerikanische Dame für Kinder keinen zureichenden Grund findet, weil sie keine Season versäumen will, eine Pariserin, weil sie fürchtet, dass ihr der Liebhaber davongeht, oder eine Ibsenheldin, weil sie sich selbst gehört. Sie gehören alle sich selbst und sind alle unfruchtbar.»

Nun geht es also unter, das Abendland, unentwegt, unaufhaltsam. Es wurde bei diesem Niedergang zwar kurzzeitig unterbrochen durch eine zwölfjährige, sehr aufbauende Gegenbewegung, während deren blond-blauäugige

Hünen und blond-blauäugig-fruchtbare Mutterkreuzträgerinnen nicht mehr sich selbst, sondern dem Führer gehören und diesem eine Jugend schenken wollten, die flink wie Windhunde, zäh wie Leder und hart wie Kruppstahl sein sollte. Aber das hat den Untergang nur verzögert, nicht aufgehalten.

Nach dem Wiederaufbau sind dann wir gekommen, wir Achtundsechziger, hager, langhaarig, zottelig, bärtig, unsportlich, ungepflegt.

Den Spengler, wenn er uns noch erlebt hätte, hätte es gegraust vor uns, ja, er hätte in uns die Bestätigung seiner Prognose gesehen und uns mit den von ihm so genannten «Fellachen» identifiziert, dem Endstadium eines Angehörigen einer ehemaligen Kulturnation.

Andererseits würden Spengler vermutlich unsere Kinder wieder besser gefallen, die Mitglieder der Generation Golf, die sich genau so vor uns 68ern grausen wie Spengler.

Aber so waren wir halt, schlappe Softies, die an Ibsenweibern nichts auszusetzen fanden. Wir ließen sie einfach gewähren, diese Frauen in ihren lächerlichen lila Latzhosen, wir sahen ruhig zu, wie aus ihnen eine Übermutter erwuchs, Alice Schwarzer, und das war vielleicht doch ein Fehler, denn was haben wir jetzt davon? Das Rentenproblem. Und Angst, jawohl.

Schon wieder müssen wir die Frauen fürchten, schon wieder stehen aufgeschreckte Männer bereit, um die Ibsenweiber ins Heim und an den Herd zurückzukeulen, denn sonst geht's uns diesmal endgültig an den Kragen, wenn ich mal glaube, was die Zeitungen so schreiben und schrieben.

Es ging damit los, dass vor Jahren, ach was, Jahrzehnten, ein Zeitgeist-Redakteur die wahre Bedeutung jener Frau entdeckte, die sich ausgerechnet Madonna nennt. Madonna will mir ans Gemächt und mich zum «Lustobjekt erniedrigen», klärte mich der Trendforscher damals auf, und er kündete von weiteren alarmierenden Entwicklungen, etwa von den «Tank Girls», die im Panzer wohnen und auf mich schießen. Hollywood lasse eine ganz neue Generation von Violent Femmes und Bad Girls schießend, mordend und brandschatzend über die Leinwände ziehen, meldete das Trendbüro.

Die Bad Girls seien hemmungslos narzisstisch, berechnend und gemein zu Männern, warnte mich das aufgeregte Zeitgeist-Magazin. Sie machten Männer zu Trotteln, jammerte es. Lüge ich meine Freundin an, setzt es Ohrfeigen, erzählte mir der Mercedes-Werbespot.

Das zeigt, wohin wir gekommen sind, analysierte der Freizeit-Philosoph: Die Zeit der gedemütigten Männer ist angebrochen. Untergangszeiten. Die Frauen verlassen Kirche, Küche, Keller, kriegen keine Kinder mehr, verweigern einer alternden Gesellschaft den Nachwuchs. Das ist der Fluch des Ibsenweibs.

Und dann geschah es.

An einem sommerlichen Sonntagabend des Jahres 2003 konnten ein paar Millionen Zuschauer im Fernsehen verfolgen, wie Friedrich Merz in der Sendung «Sabine Christiansen» der Moderatorin zur zweihundertfünfzigsten Folge dieser Talkshow gratulierte mit den Worten: «Diese Sendung bestimmt die politische Agenda in Deutschland mittlerweile mehr als der Deutsche Bundestag. Das betrübt mich, aber ist ein großer Erfolg.»

Wir gewöhnlichen Menschen, schon etwas müde, dachten uns nicht viel dabei, tranken unser Bier und unseren Wein, prosteten ganz im Sinne Merz' der Jubilarin zu, gingen nach der Sendung schlafen und hatten nichts begriffen.

Einer aber saß auf hoher Warte, überblickte alles und war hellwach. Einer hat gemerkt, was diese von uns Schlafmützen als artige Gratulation empfundenen Worte eines Politikers wirklich waren: die «bedingungslose Unterwerfung eines Mannes unter eine Frau».*

Und das muss diesen aufgeweckten Mann, Frank Schirrmacher heißt er übrigens, so erschüttert und aufgewühlt haben, dass er sich noch in der gleichen Nacht vor seinen Computer setzte und uns zwei Tage später in der Frankfurter Allgemeinen Zeitung für Deutschland mitteilte, was wir wirklich gesehen hatten: nicht nur die «bedingungslose Unterwerfung eines Mannes unter eine Frau», nicht nur, wie der Gratulant Merz als «Morgengabe» außer seiner eigenen Person auch gleich «eine ganze Institution, das Verfassungsorgan des Bundestages, dem Salon der Frau Christiansen» dargebracht hatte, sondern etwas Größeres, Schrecklicheres, Endgültiges: die «Männerdämmerung».

Die Machtübernahme der Frauen.

«Nicht viele Männer haben bislang begriffen, was da vor sich geht, wenngleich sich die Notrufe entgeisterter Manager, fassungsloser Patriarchen und ängstlicher Staats-

* Er hat es wirklich so geschrieben. Wer's nicht glaubt, lese es nach im Feuilletonaufmacher der FAZ vom 01. 07. 2003. Nun ja, es war ein heißer Sommer.

männer häufen», erzählte uns der Herausgeber der FAZ, jedoch ohne uns darüber aufzuklären, um welche Art von Notrufen es sich dabei handelt. Offenbar gehen diese Notrufe allesamt bei ihm ein.

Aber warum? Haben es irgendwelche Tank Girls oder Violent Femmes auf Manager, Patriarchen und Staatsmänner abgesehen, weshalb die FAZ ein Notruftelefon für unsere besten Männer eingerichtet hat? Dann ist diese Maßnahme mal wieder, wie so manches, an mir vorbeigelaufen. Schirrmacher hat es bis heute versäumt, uns zu diesem Telefon nähere Einzelheiten mitzuteilen.

Allerdings hatte er ja auch Wichtigeres zu tun, als er allein sofort begriffen hatte, was eigentlich los ist auf der Welt. Wie ein fallender Apfel schließlich die Gesetze der Mechanik, der Planetenbewegung und das ganze Weltbild der neuzeitlichen klassischen Physik innerhalb weniger Sekunden in Isaac Newtons Kopf entstehen ließ, so hat der Fall des Mannes Merz vor der Frau Christiansen im Schirrmacher-Kopf eine ganze Kaskade bestürzender Bilder und Erkenntnisse ausgelöst. Zunächst die Bilderreihe Sabine Christiansen, Sandra Maischberger, Maybrit Illner, Anne Will und Marietta Slomka und den Gedanken: Nanu, sind ja alles Frauen, die uns Männern die Welt erklären. War es nicht fünftausend Jahre lang umgekehrt?

Und da wusste unser Mann von der FAZ, «wer uns denkt». Frauen haben die Macht in der Bewusstseinsindustrie übernommen.

So geriet das Denken in Bewegung und sprang auf die zweite Stufe der Kaskade: An der Spitze von Bertelsmann, einem der weltgrößten Medienkonzerne, steht eine Frau, Liz Mohn. An der Spitze des größten Zeitungsverlags Europas: Friede Springer. «In einer der Zentralen der bundesdeutschen Bewusstseinsindustrie, dem Frankfurter Suhrkamp Verlag, scheint des Verlegers Witwe, Ulla Berkéwicz, die Macht zu übernehmen.» Hat sie inzwischen übernommen. Und dann auch noch Elke Heidenreich: «Kein Buch, das in Deutschland wirklichen Erfolg haben wird, kommt künftig an den Empfehlungen» dieser Frau vorbei.

Das katapultiert das Denken auf die dritte Stufe: Sabine Christiansen war mal Stewardess, Friede Springer war mal Kindermädchen und wurde Mutter, Ulla Berkéwicz war mal Schauspielerin und Schriftstellerin, Liz Mohn war mal Telefonistin, Maybrit Illner kam mal aus dem Osten – und all diese Frauen haben hübsche Karrieren hingelegt, nur unser Schirrmacher war immer nur Doktor der Philosophie, ist es, bleibt es und wird nun vermutlich auch von der Macht in einer der Zentralen der bundesdeutschen Bewusstseinsindustrie für immer ausgeschlossen bleiben.

Hat halt nichts Gescheites gelernt, der Mann. Hätte mal ein paar Jahre als Hausmann arbeiten sollen, als Babysitter, Steward oder Telefonist, sich die Welt auch mal von unten anschauen oder versuchen sollen, als Ossi gleich nach der Wende einen Job zu finden, dann hätte er es später vielleicht geschafft, bei Suhrkamp die Macht zu übernehmen. Frankfurter Bürger wollen ihn ja einmal gesehen haben, wie er in der Lindenstraße am Zaun des Verlags an den Stäben rüttelte und brüllte: «Ich will da rein!»

Nun ist ihm, als ob es tausend Stäbe gäbe und hinter

tausend Stäben keine Welt. Doch sein Blick ist vom Vorübergehn der Stäbe nicht müd geworden, im Gegenteil, mit wachem Blick erkannte Frank auf der vierten Stufe: Ein Kindermädchen, eine Telefonistin, eine Ossifrau und eine Stewardess bestimmen, was die Deutschen denken sollen.

Wie war das möglich? Unser Mann aus Frankfurt kennt die Antwort: Nur durch komplizierte, «zuweilen von höfischen Intrigen begleitete Strategien», wie nur falsche, hinterlistige Weiber sie beherrschen, haben diese Unwürdigen jene Kommandobrücke erobert, auf der doch nur die Besten und Edelsten, Kerle wie Schirrmacher eben, allenfalls noch die Herren Wickert und Kleber, von dem männlichen Naturrecht Gebrauch machen dürfen, uns zu sagen, was wir denken sollen.

Dazu passt, wie das Tüpfelchen auf dem i, dass «ein Kreis mächtiger Frauen um Friede Springer und Ann-Kathrin Bauknecht» sich zusammengetan hat, «um privat Angela Merkel zu stützen, die sich ihrerseits bis weit in manche Landesverbände in der Personalpolitik der CDU durchzusetzen beginnt».

Die Bad Girls sind also offenbar schon überall, sogar in der CDU, und mit Schrecken und Schaudern erinnerte der Feuilletonist sich nun jener Witwen «aus der Zeit der letzten Jahrhundertwende», als «Frauen als Hüterin eines Erbes zu ungewöhnlichem Einfluss über die Köpfe der Menschen» gelangten: Cosima Wagner und Elisabeth Förster-Nietzsche. Es gäbe noch weitere, aber die beiden reichen schon, um wieder einmal Verständnis zu wecken für den altehrwürdigen Brauch der Witwenverbrennung.

Doch dafür ist es jetzt zu spät, denn «jetzt scheinen wir damit zu tun zu haben, dass sich der Cosima-Effekt – die schwarz gekleidete, unnahbare, in ewige Händel verstrickte Witwe – umzukehren beginnt. Die Patriarchen verdämmern, und die Nachfrage nach ihnen sinkt. Frauen übernehmen die Vermittlung und sogar die Macht in einer zerfallenden Gesellschaft.»

So landen wir wieder bei Spengler. Schirrmacher kam eher auf Arnold Gehlen, was keinen großen Unterschied macht, denn, so zitiert ihn Schirrmacher: «Kleine zivilisierte Völker oder solche, denen alle Knochen zerschlagen sind, streben der Deckung zu, sie neigen zu Versicherungen, Krankenscheinen, zu sexuellen Libertinismen und moralischen Vorträgen an die Außenwelt. Aber gerade diese Atmosphäre kommt den innersten Bedürfnissen des Weibes entgegen.»

Dann aber, so Gehlen laut Schirrmacher, verändert sich die Sozietät ein weiteres Mal: «Dann betreten Klytämnestra und Judith die Szene, Antigone und Gallia Placidia, Katharina und Charlotte Corday und zeigen den Männern, wie man sich aussetzt und einsetzt.»

So ist das also, dachte ich, während ich in der Deckung meine Knochen prüfte, meine moralischen Vorträge verbrannte, mich meiner Versicherungsscheine versicherte und meiner Libertinismen schämte.

Bald werden die Evangelischen Akademien tagen und hochkarätige Referenten über das Thema «Männerdämmerung – Denken uns die Frauen?» nachdenken lassen.

Andächtig faltete ich die Zeitungsseite, glättete sie, um sie für immer in meinem Archiv historisch bedeutsamer Dokumente aufzubewahren, und abermals dachte ich, müde dahindämmernd: So ist das also. Ja, so wird es wohl sein.

Aber wer zum Teufel ist Gallia Placidia?*

* Ich habe für Sie nachgeguckt, gehört zu meinem besonderen Service. Also: Gallia Placidia (um 390 bis 450), weströmische Kaiserin, hatte ein bewegtes Leben. Als Geisel verschleppt, gerettet, mit dem Gotenkönig Athaulf verheiratet. Der wurde ermordet, sie wurde erneut verheiratet, bekam Kinder, der Gemahl starb, und so musste sie als Kaiserin Augusta das Weströmische Reich allein regieren, was sie sehr umsichtig tat. Ich weiß gar nicht, was Frank gegen diese wackere Frau hat. Und Judith? Ebenfalls eine respektable Persönlichkeit, wagt sich mutig ins Lager der Assyrer, der Feinde Israels, tötet mit List und Tücke Holofernes und hilft Israel damit, die Assyrer zu besiegen. Klar, dass man sich vor solch einem Weibsbild fürchtet. Charlotte Corday? Hat Marat, einen der Hauptverantwortlichen für die Schreckensherrschaft der Französischen Revolution, in der Badewanne erstochen. Wurde dann von Marats Freunden guillotiniert. Antigone, Katharina, Klytämnestra? Das sollten Sie jetzt aber selber wissen. Falls Sie zu faul sind zum Nachschlagen, nur so viel: alles tüchtige Frauen, sehr taff, wussten immer, was sie wollen. Für uns Männer, zugegeben, nicht ganz ungefährlich.

Als ich meine Marienerscheinung hatte

In einer heißen Sommernacht nach jener Schirrmacher-Lektüre sah ich plötzlich eine hohe edle Gestalt in blauem Samt auf der goldenen Mondsichel stehend vom Himmelsgebäude herabsinken. Ich erkannte Maria, bleich, aber schön aus traurigen Augen blickend, und ich rief überrascht aus:

«Ja, Maria, wo kommst du denn her?»

Sie aber blickte mich nur traurig an und sagte nichts.

Ich ahnte Schlimmes und fragte: «Sag, Maria, ist etwa kein Gott?»

Sie antwortete: «Es ist keiner.»

«Hab ich mir gleich gedacht», sagte ich so gefasst wie möglich, «und was machen wir jetzt?»

Maria ging nicht darauf ein und sprach: «Ich ging durch die Welten, ich stieg in die Sonnen und flog mit den Milchstraßen durch die Wüsten des Himmels; aber es ist kein Gott. Ich stieg herab, so weit das Sein seine Schatten wirft, und schaute in den Abgrund und rief: ‹Vater, Sohn und Heiliger Geist, wo seid ihr?›, aber ich hörte nur den ewigen Sturm, den niemand regiert, und der schimmernde Regenbogen stand ohne eine Sonne, die ihn schuf, über dem Abgrunde und tropfte hinunter.»

Ah, also doch, dachte ich und erinnerte mich, wie

mich mein Vater als kleines Kind mal in den April geschickt hatte, als ein kräftig leuchtender Regenbogen unser Dorf überspannte. Ich solle mit einem Eimer zum Regenbogen laufen und die Farben einsammeln, die von ihm heruntertropfen, sagte mein Vater. Und ich lief Kilometer um Kilometer mit einem Eimer über Wiesen und durch Wälder auf den Regenbogen zu, wunderte mich, dass ich ihm nicht näher kam, er immer blasser wurde und schließlich ganz verschwand.

Da waren wohl andere schon früher da, dachte ich, kehrte um und war gar nicht sonderlich traurig, weil ich mich die ganze Zeit geärgert hatte, nur einen einzigen Eimer mitgenommen zu haben, was ja bedeutet hätte, dass ich nur eine einzige Farbe hätte auffangen können, denn vermischen wollte ich sie nicht. Beim nächsten Mal, dachte ich, nehme ich mindestens vier Eimer mit.

Als ich nach Stunden wieder zu Hause war, hatte mein Vater ein schlechtes Gewissen und wurde von meiner Mutter zur Sau gemacht. Und nun erzählt mir Maria, dass es zwar keinen Gott gibt, wohl aber diesen Ort, an dem der Regenbogen abtropft. Wenigstens das, dachte ich, und sagte gut gelaunt zu Maria: «Na ja, wenn Vater, Sohn und Heiliger Geist tatsächlich nicht existieren sollten, gibt's ja immerhin dich, Maria, das ist doch auch was.»

Maria tat so, als hörte sie mich nicht, irgendwie sprang der Funke meiner aufkeimenden Fröhlichkeit nicht auf sie über, denn sie redete in dieser Depressi-Stimmung weiter: «Da kamen, schrecklich für das Herz, die Kinder und fragten mich: ‹Maria, haben wir keinen Vater?› Und ich musste weinend antworten: ‹Nein. Wir sind alle Waisen, ich und ihr, wir sind ohne Vater.›»

«Aber wenigstens der Regenbogen bleibt uns», sagte ich, «und dich haben wir. An allein erziehende Mütter haben wir vaterlosen Gesellen uns doch schon längst gewöhnt. Bei uns da unten sind die Väter ja auch nie da. Außerdem frage ich mich, ob du die Lage richtig beurteilst, Maria. Du kommst mir ein bisschen vor wie der sowjetische Kosmonaut Juri Gagarin, der nach seinem kleinen Hupfer ins Weltall verkündet hat, er habe dort keinen Gott gesehen. Gut, du hast das gesamte Weltall in seiner ganzen Weite durchmessen, aber seine Grenzen hast du doch nicht verlassen, oder? Außerhalb bist du nicht gewesen? Und wenn sich unser Über-Vater irgendwo befindet, dann doch ganz gewiss außerhalb, oder?»

Kaum hatte ich das gesagt, sank das ganze Weltgebäude mit seiner Unermesslichkeit an mir vorbei, und Maria sprach dazu: «Starres, stummes Nichts! Kalte, ewige Notwendigkeit! Wahnsinniger Zufall!»

Nun erschrak ich doch, denn wenn das, was da gerade krachend an mir vorbei in die Tiefe rumpelte, das ganze Weltall war, dann befinde ich mich jetzt wohl mit Maria außerhalb, dachte ich. Und da sah ich weit und breit tatsächlich nur das stumme Nichts. Schaudernd fragte ich: «Und was ist mit dem Paradies?»

«Auch nichts», sagte Maria.

«Na ja», antwortete ich, um Fassung ringend, «gibt's kein Paradies, gibt's auch keine Hölle, und so hat jedes Schlechte auch sein Gutes.»

«Falsch», sagte Maria, «das Paradies gibt's nicht, wohl aber die Hölle.»

«Und ich hatte ein Leben lang gehofft, es sei umgekehrt. Das wird ja immer schlimmer.»

«Für dich, Harry, ist es noch schlimmer», sagte Maria, «die Hölle ist nur für Männer.»

In diesem Moment rührte ein gewaltiger Donner mein Herz, es blitzte und krachte, giftig gelbgrüne Schwaden stinkenden Schwefels verhüllten Maria, und als sich der Nebel wieder lichtete, war da nicht mehr Maria, sondern Sabine Christiansen, in schwarzem Leder auf einer Harley-Davidson sitzend. Sabine packte mich an meinen schütteren Haaren, schnallte mich auf den Rücksitz ihrer Harley und donnerte mit mir raketengleich in die Tiefe, wo wir alsbald vor ein großes Tor kamen, auf dem geschrieben stand: «Lasciate ogni speranza, voi ch'entrate – Lasst alle Hoffnung fahren, die ihr eintretet.»

Zwei Figuren in Ritterrüstung bewachten das Tor. Als sie zum Gruß die Visiere hochklappten, erkannte ich Angela Merkel und Ann-Kathrin Bauknecht. Sabine schob mich an den beiden eisernen Ladys vorbei durch das Tor, und ich sah eine riesige Höhle und Millionen wuselnder Männer. Sabine sagte: «Was du hier siehst, sind Männer, die noch nie einen Spüllappen in der Hand hatten, sich vor jeglicher Form von Hausarbeit drückten und sich weigerten, Erziehungsurlaub zu nehmen, also unsere harmlosesten Fälle.»

Näher führte sie mich, und ich sah Heerscharen von Männern die Hölle putzen. Sie wienerten, polierten, kehrten, fegten, schrubbten, wuschen Berge von Wäsche, bügelten, spülten und windelten stinkende, mopplige, gehörnte Teufelsbabys. Aber so viel die armen Männer auch schrubbten, wuschen, spülten, die Berge wurden nicht kleiner, die Hölle nicht sauberer, und die Teufelsmoppel hörten nicht auf zu stinken. Inmitten der wuselnden Männerscharen sah ich Maybrit Illner herrschen. Vor ihr stand Albert Camus und bat brüllend, endlich Sisyphus ablösen zu dürfen, dessen ewige Steinerollerei sei wenigstens eines Mannes würdig. Maybrit schickte Camus in die Menge der Putzmänner zurück.

Weiter zog mich Sabine, tiefer hinunter, und wieder sah ich Heerscharen von Männern, diesmal auf dem Boden kauernd, viele sich vor Schmerzen windend. «Abteilung Schreibtischtäter», sagte Sabine.

«Was haben sie? Warum jammern sie so?», fragte ich. Sabine zeigte auf ein Podest in der Mitte. Dort erkannte ich Marietta Slomka und Anne Will, verkleidet als Scheherazade, wie in den Geschichten aus 1001 Nacht.

«Du weißt ja, Männer lesen nicht», sagte Sabine. «Darum müssen sie sich jetzt von Marietta und Anne alle jemals von Frank Schirrmacher geschriebenen Artikel vorlesen lassen, so lange, bis sie bewusstlos zu werden drohen, dann kommt Sandra Maischberger, liest ihnen sämtliche «Emma»-Jahrgänge vor, dazu die gesamte Frauenliteratur der letzten 150 Jahre, danach kommt Elke Heidenreich und haut ihnen alle von ihnen geschriebenen Dummheiten so lange um die Ohren, bis sie nicht mehr wissen, ob sie Männlein oder Weiblein sind, dann kommen wieder Anne und Marietta und so fort.»

Ich erkannte Henri Nannen in der Menge, Ernest Hemingway und Friedrich Nietzsche. Nannen wand sich auf dem Boden und bat flehentlich, nach oben geschickt zu werden und stinkende Teufelsmoppel windeln zu dürfen. Hemingway stierte apathisch vor sich hin, hatte ein mit Rotwein gefülltes Riesenhorn in der Hand und ließ sich damit voll laufen, Nietzsche hustete und spuckte in einem fort und schien unter krampfartigen Blähungen zu leiden.

Gerne wäre ich noch länger geblieben, um zu sehen, wen ich noch kenne, aber weiter zog mich Sabine, tiefer, in den dritten Kreis der Hölle.

Es roch wie im Affenhaus, markerschütternde Schreie, lautes Gebrüll und Stöhnen drangen in meine Ohren, dann erst sah ich die Urheber des Lärms: gedrungene Gestalten mit zotteligen Haaren und Bärenfellen bekleidet – Steinzeitmänner. Sie bekamen von Steinzeitfrauen Daumenschrauben angelegt, wurden auf die Streckbank gespannt, auf Nagelbretter geworfen, unter Wasser getaucht, mit Pech und Schwefel übergossen, geteert und gefedert.

«Das ist die Strafe dafür, dass sie ihre Frauen in die Höhle geprügelt haben», sagte Sabine.

«Bist du sicher, dass die Verhältnismäßigkeit der Mittel hier noch gewahrt ist?», fragte ich Sabine. Sie sah mein bleiches Gesicht, die Schweißperlen auf meiner Stirn und versuchte, beruhigend auf mich einzureden. «Die sind noch etwas primitiv strukturiert, die halten das ganz gut aus», sagte sie. Ich glaubte ihr nicht, war aber froh, als sie mich zu der Rutsche brachte, auf der es in den vierten Kreis der Hölle gehen sollte.

Es roch nach verbranntem Fleisch. Wieder Geschrei, Gestöhne und Gebrüll. Männer wurden auf glühenden Rosten gegrillt, und ich sah Alice Schwarzer mit ihren «Emma»-Redakteurinnen, wie sie Männer verhörten, ihnen Filme vorführten, sie mit tausend Fragen quälten. Die schöneren und jüngeren Männer waren nur mit hautengen Bodys bekleidet, mit Tangas oder mit dünngliedrigen Ketten. Ihre Füße steckten in hohen Stöckelschuhen, und alle mussten sich in sehr unbequemen Körperhaltungen den Frauen darbieten und sich dabei von einer Frau fotografieren lassen, die sie Helma Newton nannten.

In der hinteren Ecke schrie und zeterte einer, dem sie gerade ein Video über seine Untaten vorführten. Es war Dieter Bohlen. «Abteilung Nervensägen, Frauenprügler, Obermachos», sagte Sabine, «die Frauen wollen sie zur Rede stellen, aber von den Männern kommt nichts. Einige leiden zwar durch die Konfrontation mit ihrem Machismogehabe ganz schön, aber ich frage mich, ob nicht die Frauen in dieser Hölle mehr leiden als die Kerle, die hier eigentlich bestraft werden sollen. Wir haben die richtigen Höllenqualen für sie noch nicht gefunden.»

Sabine stupste mich hinunter in den fünften Kreis.

Ich hörte grässlichen Plastiksound, einen falsch singenden Knaben, dessen blecherne Stimme mir irgendwie bekannt vorkam, ja, richtig, es war Daniel Küblböck. Die Männer hielten sich die Ohren zu, brüllten «Aufhören!», schlugen ihre Köpfe gegen die Wände oder kotzten und jammerten.

«Hier bestrafen wir jene Kaiser, Könige, Fürsten, Generäle, Manager und Politiker, die zeit ihres Lebens immer die Ansicht vertreten hatten, Frauen gehörten an den Herd und Kinder seien das Privatproblem der Frauen», sagte Sabine. «Außerdem haben wir die Medienschaffenden dazugepackt und jene Aktionäre, die größere Mengen Medienaktien besitzen. Alle müssen sich Tag und Nacht die Programme der deutschen Fernsehsender angucken, die täglichen Gerichts-, Talk- und Schmuddel-

Shows, die Spiele der deutschen Fußballmannschaft und die Debatten des Bundestags.»

Ich sah weiß bekittelte Frauen durch die Reihen marschieren, wie sie randalierende Männer in Zwangsjacken steckten.

«Müssen sie sich denn auch ‹Sabine Christiansen› ansehen?», fragte ich.

«Nein, diese Sendung eignet sich nicht zur Bestrafung», antwortete Sabine spitz und schubste mich unsanft in den sechsten Kreis hinunter.

Ich sah Ulla Berkéwicz, Liz Mohn und Friede Springer in steifer Haltung um einen großen runden Tisch sitzen, mit feinstem Tafelsilber gedeckt, darauf die erlesensten Speisen und kostbarsten Weine. Ein molliges Dienstmädchen – weißes Häubchen, weißes Schürzchen, großes Schleifchen, kurzes Röckchen, sehr stämmige Beine, sehr große Füße, die ziemlich tollpatschig durch den Raum stöckelten – trug gerade den nächsten Gang auf. Bei näherem Hinsehen erkannte ich Frank Schirrmacher unter dem Häubchen.

Fragend blickte ich Sabine an. «Hier spielen wir ‹Dinner for three› und ‹Verdammt in alle Ewigkeit› in einem. Unermüdlich, pausenlos.»

«Und wie halten die drei Frauen das aus?»

«Das sind sie nicht wirklich», schäkerte Sabine, «das sind nur Wachspuppen.»

Erleichtert ließ ich mich von Sabine in den siebten Kreis der Hölle bringen. Doch schon von weitem hörte ich angsterfüllte Schreie, Schmerzensschreie, ohnmächtiges Wutgebrüll, das zu ohrenbetäubendem Lärm anschwoll, als Sabine eine Tür öffnete, auf der ein goldenes

Schild prangte mit der Aufschrift «Club der Teufelinnen». Dahinter bot sich mir ein Bild des Grauens. Blut, überall Blut, und dann sah ich, woher es kam. Hier wurden meine Geschlechtsgenossen kastriert.

Mir wurde übel. Sabine sah, wie sich mein Gesicht grün färbte, und sagte: «Wir würden das den Kerlen gerne ersparen, aber es sind Unverbesserliche, die nichts bereuen, sich keiner Schuld bewusst sind. Viele Päpste, Kardinäle, Bischöfe sind unter ihnen, Hexenverbrenner, fanatische, fundamentalistische Frauenhasser und hartnäckige Inquisitoren, die sich weigern, zu widerrufen.»

«Harte Brocken», sagte ich anerkennend, «sie stehen zu ihrer Überzeugung, eigentlich doch ganz tapfer, heldenhaft und bewundernswert. Muss man die so fertig machen?»

«Sie kannten kein Mitleid mit den Frauen», sagte Sabine, «nicht einmal heute entwickeln sie Reue oder Scham, und was ihre heldenhafte Überzeugungstreue betrifft, diese fanatische Sturköpfigkeit, so war diese eine der Hauptursachen dafür, dass die Geschichte der Menschen vom Anfang bis heute eine unendliche Folge von Katastrophen ist.»

«Dennoch», sagte ich, «wären sie nicht auch genug bestraft, wenn man sie putzen ließe oder in die Vorlesungshölle abkommandierte?»

«Nein, da bleiben wir hart», sagte Sabine.

Ich fiel auf die Knie und flehte um Gnade für diese Männer. Aber Sabine lachte nur, kickte mich mit ihrem gestiefelten Fuß durch das Tor der siebten Hölle hinaus ins Nichts und in tiefe Finsternis. Alles wurde eng, düster, bang, und ein unermesslich ausgedehnter Glockenhammer schwang durch das Nichts und sollte die letzte Stunde der Zeit schlagen – als der Hammer plötzlich mich traf und ich erwachte. Und ich erkannte: Es war alles nur ein böser Traum.

Meine Seele weinte vor Freude. Ich sprang aus dem Bett, lief aufgeregt hin und her, hätte in diesem Moment alle Frauen dieser Welt in meine Arme schließen mögen, aber nur Katja lag anmutig da, sie erwachte, sah mich verständnislos an, ärgerte sich über die nächtliche Ruhestörung, ich legte meine Hand auf ihren Mund, näherte mich ihrem von der Mondsichel beschienenen Gesicht, küsste sie, sagte ihr leise ins Ohr, dass ich sie jetzt noch mehr liebe und ihr so dankbar bin, dass sie mich nie quälen, demütigen, kastrieren wollte, sondern nur ihren Namen zu behalten wünschte, die Hälfte meines kleinen Vermögens beanspruchte, das sie mit ihrem eigenen kräftig aufstockte, und mich immer nur lieben, heiraten und Kinder von mir haben wollte.

«Dafür liebe ich dich, meine Katja», sagte ich, «dafür danke ich dir.»

Sie fragte: «Soll ich einen Arzt rufen?»

Die Frau und ihr Personal

Ich liebe die Frauen, und besonders liebe ich natürlich Katja. Aber nicht immer macht sie es mir leicht, sie zu lieben, manchmal macht sie es mir sogar ausgesprochen schwer, dann artet die Liebe in Liebesarbeit aus. Aber das hat sie mit allen Frauen gemein. In solchen Momenten, nach getaner Arbeit, liebe ich dann in Katja alle Frauen.

Gegenwärtig, zum Beispiel, muss ich wieder sehr hart an meiner Liebe zu den Frauen arbeiten, weil meine viel beschäftigte Katja in letzter Zeit pausenlos beruflich unterwegs ist. Sie kommuniziert seit Wochen fast nur noch über Haftnotizen auf dem Kühlschrank mit mir, und diese Zettel lesen sich wie kleine Dienstanweisungen: «Bitte nicht vergessen: morgen neue Zahnspange für Max» oder «Blachnik-Rechnung – bitte überweisen» oder «Denkst du an das Geschenk für die Bitterlichs?» oder «Lüpertzbuch: hast du das jetzt endlich weggeschickt?» und «Erledige endlich die Steuer!!!»

Je mehr solcher Zettel mich vom Kühlschrank her anbrüllen, desto weniger erledige ich, denn sie treiben mich nur in die Leseecke, wo ich mich in jene gemütlichen Zeiten zurückträume, in denen Ehegespräche so ganz anders klangen und Ehepaare so ganz anders lebten, wie Eduard und Charlotte zum Beispiel.

Eduard – so nennen wir einen reichen Baron im besten Mannesalter –, Eduard hatte in seiner Baumschule die schönste Stunde eines Aprilnachmittags zugebracht, um frisch erhaltene Pfropfreiser auf junge Stämme zu bringen. Als der Gärtner hinzutrat und sich an dem teilnehmenden Fleiße des Herrn ergötzte, fragte Eduard den Gärtner: «Hast du meine Frau nicht gesehen?»

«Drüben in den neuen Anlagen», versetzte der Gärtner. «Die Mooshütte wird heute fertig, die sie an der Felswand, dem Schlosse gegenüber, gebaut hat. Alles ist recht schön geworden und muss Euer Gnaden gefallen.»

Ja, es gefiel Eduard, aber so recht glücklich wurde er an jenem Tage nicht, denn ihn plagte ein Kummer, und deshalb eilte er zu Charlotten, in die Mooshütte, um mit seinem Kummer herauszurücken. «Es betrifft unsern Freund, den Hauptmann», sagte Eduard, «du kennst die traurige Lage, in die er, wie so mancher andere, ohne sein Verschulden gesetzt ist. Wie schmerzlich muss es einem Manne von seinen Kenntnissen, seinen Talenten und Fertigkeiten sein, sich außer Tätigkeit zu sehen und – ich will nicht lange zurückhalten mit dem, was ich für ihn wünsche: Ich möchte, dass wir ihn auf einige Zeit zu uns nähmen.»

Die liebe Charlotte aber fühlt sich für das Arbeitslosenproblem nicht zuständig, möchte lieber ungestört die traute Zweisamkeit genießen mit ihrem Gemahl, sagt aber nicht, wie Katja jetzt sagen würde, «kommt überhaupt nicht infrage» oder, noch schlimmer, «nur über meine Leiche», nein, die gute Charlotte sagt: «Das ist wohl zu überlegen und von mehr als einer Seite zu betrachten.»

Den Satz werde ich mir merken. Katja hat eine heimtückische Art, eheliche Streitigkeiten für sich zu entscheiden. Immer, wenn es nicht mehr vorwärts und rückwärts geht, verfällt sie auf den Trick, mir mitzuteilen, was alles falsch war an dem, was ich während der letzten fünf Minuten gesagt habe, was ich stattdessen hätte sagen sollen und warum dann alles gut gewesen wäre. Da ich es nicht sagte, stehe ich als der tumbe Unmensch in der Ecke, und weil ich nicht einfach nachplappern kann, was mir die erzürnte Ehefrau riet zu sagen, um sie zu besänftigen, sage ich gar nichts mehr.

Beim nächsten Mal werde *ich* ihr sagen, was *sie* hätte sagen sollen, zum Beispiel statt «kommt überhaupt nicht infrage» den Satz: «Das ist wohl zu überlegen und von mehr als einer Seite zu betrachten.»

Andererseits bin ich durchaus bereit zuzugeben, dass ich tatsächlich nicht immer gleich die richtigen Worte finde, und wenn sie mir wider Erwarten mit Charlottens Satz käme, würde ich wahrscheinlich lospoltern: «So ein Schmarrn, da gibt es überhaupt nichts von mehr als einer Seite zu betrachten, meinem Freund geht's schlecht, er braucht mich, und darum muss er her, Platz genug haben wir für ihn, darum ruf ich ihn jetzt an und sag ihm, dass er kommen soll.»

Ganz anders Eduard, der nun gemerkt hat, dass Charlotte dagegen ist. «Meine Ansichten bin ich bereit, dir mitzuteilen», sagt er und schildert anschaulich das Leid seines Freundes, um mit den Worten zu schließen: «… genug, liebes Kind, es ist eine peinliche Lage, deren Qual er doppelt und dreifach in seiner Einsamkeit empfindet.»

Bei dem Wort «liebes Kind» wäre es Katja, die poltern würde. Charlotte hingegen versetzt artig: «Es ist recht schön und liebenswürdig von dir, dass du des Freundes Zustand mit so viel Teilnahme bedenkst; allein erlaube mir, dich aufzufordern, auch deiner, auch unser zu gedenken.»

So wogt der eheliche Diskurs noch eine Weile hin und her, bis die kluge Charlotte die Zeit für gekommen sieht, einen kleinen Handel zu initiieren, den sie folgendermaßen einleitet: «Wenigstens, mein Lieber, sollst du gewahr werden, dass deine Wünsche, die freundliche Lebhaftigkeit, womit du sie ausdrückst, mich nicht ungerührt, mich nicht unbewegt lassen.» Dann gesteht sie, dass auch sie gern jemanden ins Schloss holen würde.

«Das hör ich gern», sagt Eduard, «ich merke wohl, im Ehestand muss man sich manchmal streiten, denn dadurch erfährt man was voneinander.»

So erfährt der Leser, dass dies ein Ehestreit gewesen sein soll, und Eduard, dass Charlotte ebenfalls ein Sorgenkind hat, ihre Nichte Ottilie, die unglücklich in einem Internat vor sich hin kümmert und deshalb bei ihr auf dem Schloss besser aufgehoben wäre.

Ach, warum können Katja und ich oder überhaupt alle Männer und Frauen nicht so anmutig miteinander streiten?

Eduard und Charlotte hatten es natürlich wesentlich leichter, damals. Keine nervenden Kleinkinder, ein großes Schloss mit vielen großen Zimmern, in denen man sich aus dem Weg gehen konnte, und vor allem: jede Menge Personal. In unseren demokratischen Zeiten jedoch ist man mit seinem Personal verheiratet und muss auf engstem Raum mit ihm zusammenleben. Die Bedeutung dieses Unterschieds kann man gar nicht hoch genug einschätzen.

Und außerdem werden an einen Ehemann von heute natürlich wesentlich höhere Anforderungen gestellt als zu Goethes Zeiten. Nicht nur Ehemann, Freund, Liebhaber und Vater ihrer Kinder muss ich meiner Katja sein, sondern eben auch noch ihr Personal und überhaupt ihr Mann für alle Fälle.

Darüber hinaus soll ich immer gleich wissen, wo's langgeht, selbständig entscheiden, sie nicht mit tausend Kleinigkeiten belästigen, aber nichts über ihren Kopf hinweg entscheiden und alles gründlich mit ihr diskutieren. Fürsorglich soll ich sein, aber sie nicht bevormunden. Eine Überraschungsparty soll ich ihr hin und wieder organisieren, aber sie nicht unangemeldet mit Gästen überfallen. Auf keinen Fall darf ich den Macho oder Patriarchen geben, aber wenn ihr unsere aufsässigen Kinder auf der Nase herumtanzen, sagt sie: «Nun sprich doch mal ein Machtwort.» Stark wie ein Bär soll ich sein, ein von nichts angekränkelter Naturbursche, dazu sensibel, verletzlich und auch einmal bereit, Schwäche zu zeigen. Einen vergeistigten Naturburschen will sie haben, meine Katja, dem Schönen, Wahren, Guten soll ich mich öffnen, mit feingliedrigen, zartfühlenden Pianistenfingern soll ich sie anfassen, aber wenn Katja von irgendeinem Typen schwach von der Seite angeredet wird, soll ich ihm zeigen, wo der Hammer hängt.

Da kann man schon mal in Rollenkonflikte kommen. Eigentlich müsste der Beruf des Ehemanns doch längst professionalisiert sein, man müsste das alles an der Uni studieren und einen Abschluss als Diplom-Ehemann machen können, oder wem das schon zu weit geht, wer meint, Lebensabschnittspartner zu sein, reiche auch, der sollte den Bachelor of Lebensgefährtenschaft machen können.

Wie dringend wir solch eines Diploms bedürfen, beweist im Übrigen auch der Fortgang der Geschichte von Eduard und Charlotte. Obwohl sie es mit all ihrem Personal und ihren vielen Zimmern so viel leichter hatten als wir und obwohl alle ihren Willen bekommen – Eduard kriegt seinen Hauptmann, Charlotte ihre Ottilie –, klappt es auch mit dieser Beziehung nicht, nimmt die Chemie menschlicher Gefühle zuverlässig ihren verhängnisvollen Lauf. Der Hauptmann wechselt zu Charlotte und Eduard zu Ottilie, ein Kind wird geboren und stirbt, Ottilie stirbt, Eduard stirbt ihr hinterher, alles endet katastrophal – aber wenigstens formvollendet.

Um wie viel mehr bräuchten daher wir mit unserem komplizierten modernen Leben ein Studium der Ehe und Partnerschaft. Weil es uns fehlt, enden unsere Katastrophen zumeist eher formlos und banal, oft hässlich, manchmal tragikomisch oder als Farce.

Gut, zugegeben, auch ein Studium der Eheführung böte uns wahrscheinlich keinen Schutz vor Katastrophen, aber vielleicht bewahrte es uns wenigstens vor der Farce. Ich jedenfalls würde gerne einmal mit Katja so anmutig und formvollendet disputieren, dass ich gewahr werde, wie meine freundliche Lebhaftigkeit sie nicht ungerührt und nicht unbewegt lässt.

Stattdessen finde ich Zettel auf dem Kühlschrank. Bring das Auto zum TÜV. Hol Co vom Bahnhof ab. Ich bedarf solcher Anweisungen eigentlich nicht, denn ich weiß sehr gut selber, was ich zu tun habe. All diese kleinen unwürdigen Beschäftigungen sind in meinem elektronischen Organizer sorgsam aufgeführt. Er piept sogar, wenn ein bestimmter Termin naht oder eine Aufgabe fällig ist.

Manchmal aber ist meinem *Ich* ein Termin oder eine Aufgabe so verhasst, dass mein *Es* in heimlicher Kumpanei mit dem *Ich* dafür sorgt, dass ich vergesse, das Häkchen in den Erinnerungs-Button zu setzen.

Wegen solcher Lappalien nimmt Katja fälschlicherweise an, ich sei unorganisiert, chaotisch und auch sonst ein Mann mit unterentwickeltem *Über-Ich*, weshalb sie meint, ihr eigenes hyperaktives *Über-Ich* reiche für zwei. Deshalb schreibt sie mir immer diese Zettelchen, sie meint es ja so gut mit mir, aber das wollte ich eigentlich gar nicht erzählen.

Warum ich zurzeit mal wieder hart an meiner Liebe zu den Frauen arbeiten muss, wollte ich erzählen. Dazu muss ich aber erst erzählen, dass ich nächste Woche an unserer Volkshochschule einen Vortrag halten muss zu dem Thema: «Wie politisch ist das Private?» Meine Antwort steht schon fest und lautet: sehr.

Als Beweis werde ich ins Zentrum meines Vortrags die Geschichte von Eduard, Charlotte, dem Hauptmann und Ottilie rücken, ja, Goethes Wahlverwandtschaften, und fein säuberlich herausarbeiten, wie Goethe anhand dieser ganz privaten Viererkiste das Verhältnis von Freiheit und Notwendigkeit, von Naturtrieben und kulturellen Normen problematisierte. Brillant werde ich meinem Publikum auseinander setzen, dass es dabei nur vordergründig darum geht, eine der üblichen Rein-raus-Geschichten zu erzählen und damit vielleicht einer freieren Form des Verhältnisses von Mann und Frau das Wort zu reden, was sowieso immer nur in Aporien endet.

Dabei werde ich nicht umhin kommen, entsprechend der «Dialektik der Aufklärung» aufzuzeigen, wie die vernunftorientierten Anstrengungen immer wieder von zerstörerischen Triebkräften durchkreuzt werden. Und natürlich kann ich nicht unerwähnt lassen, dass Goethe die schicksalhafte Macht des Dämonischen, die in seinem Roman die bürgerliche Ordnung der Ehe zerstört, auch in der Französischen Revolution und den Napoleonischen Kriegen am Werke sieht und sich ebendarum die private Geschichte von Eduard und Charlotte mit der Weltgeschichte verschränkt – genauso, wie sich auch meine Geschichte mit Katja irgendwie mit allen Männern und Frauen der gesamten westlichen Hemisphäre und der Weltgeschichte verschränkt.

Ja doch, werde ich sagen, auch heute ist das Private noch immer auf geradezu brisante Weise hochpolitisch – eine der wenigen 68er Erkenntnisse, die noch Bestand haben. Ich weiß auch schon, wie ich den Vortrag einleiten werde, nämlich mit der Frage: Soll man öffentlich über sein Privatleben plaudern?

Ja, werde ich ausführen, man soll, eben weil das Private politisch ist, auch wenn man dafür die Berichte über Susan Stahnkes Darmspiegelung und die Unflätigkeiten eines Dieter Bohlen in Kauf nehmen muss, denn es gibt noch andere Dinge, die auf diese Weise hochkommen könnten und tatsächlich hochkommenswert wären. Wenn, um ein kleines Beispiel zu nennen, in 99,9 Prozent aller Haushalte es stets die Frau ist, die das Klo putzt, dann ist die Frage «Wer putzt eigentlich bei euch zu Hause das Klo?» keine private, sondern eine politische Frage. So in etwa werde ich mich, politisch stets korrekt, dem Zentrum meines Vortrags nähern, dachte ich.

Aber letzte Woche brüllte Katja vom ersten Stock zu mir in den Keller hinunter: «Harry, das Klo ist verstopft!»

Das hatten wir schon lange nicht mehr. Früher, als die Kinder kleiner waren, verging kaum ein Monat, an dem ich nicht klaglos Zahnbürsten, Haarspangen, Duplo-Steine oder schrecklich zugerichtete Kuscheltiere aus dem versifften Siphon rettete. Heute, da die Kinder größer sind, habe ich wieder etwas mehr Zeit und Muße. Und was macht man mit der gewonnenen Zeit? Man macht sich Gedanken, grübelt vor sich hin, zum Beispiel über Katjas Donnerruf hinunter in den Keller, und kommt zu dem Ergebnis, dass es manchmal verdammt hart sein kann, die Frauen lieben zu müssen.

Das Klo ist verstopft, und ich bin jetzt weder als Katjas Ehemann noch als ihr Freund oder Liebhaber gefragt, sondern als ihr Personal. Das ist es, was heutige Beziehungen so wahnsinnig kompliziert macht. So scheinbar einfache Fragen – wer putzt, wer kocht, wer spült – gewinnen dadurch eine geradezu existenzielle Bedeutung. Sie sind die eigentlich philosophischen Fragen unserer Zeit.

«Harry, das Klo ist verstopft» klingt zwar zunächst nach neutraler Information, hört sich an wie eine ganz normale Hausmitteilung aus dem Alltag einer Kleinfamilie. Ist es aber natürlich nicht. «Harry, das Klo ist verstopft» heißt in Wahrheit: «Kümmere du dich um die Scheiße», und erinnert fatal an den Derrick-Spruch «Harry, fahr schon mal den Wagen vor». Der Spruch klingt genauso harmlos, macht aber schlagartig deutlich, wer hier der Johann ist, wobei man nicht übersehen sollte, dass es wesentlich angenehmer ist, für Derrick den Harry zu machen als für Katja den Johann.

Und ich dachte immer, wir führten eine gleichberechtigte Partnerschaft, in der man sich alle Aufgaben, einander liebend zugewandt, solidarisch teilt. Nun plötzlich der nur unzureichend verklausulierte Befehl: «Harry, mach den Abfluss frei!»

Ein herrschaftsfreier Diskurs ist das nicht gerade.

Noch genauer und differenzierter betrachtet, heißt der Befehl sogar: Kümmere dich um den Dreck, während ich meinem coolen, sauberen, kinderfreien, overdesignten Beraterbüro zustrebe, wo «die Kloschüssel so sauber ist, dass man daraus essen kann», wie meine Feldwebel in der Bundeswehr immer zu sagen pflegten. «Das Klo ist verstopft» heißt: Kümmere dich, Harry, während ich, Katja, in jene Sphäre hinüberwechsle, in der das Klo nie verstopft ist, und wenn es doch einmal verstopft sein sollte, der Hausmeister kommt, der es auch nicht selber macht, sondern dafür seine Leute hat.

Ob das seine Putzfrauenkolonne ist, die sich darum kümmert? Bestimmt hat er irgendeinen Mann für diese Spezialaufgabe, denn in jene Erkenntnis mündeten meine Grübeleien: Noch nie in unseren 20 Jahren Ehe hat sich Katja ums verstopfte Klo gekümmert. Und wenn ich mich bei meinen Freunden, Bekannten und Verwandten so umsehe – da ist keine, die sich jemals bemüht hätte, das Problem zu lösen. Immer haben sie ihre eigenen oder fremden Männer dafür. Selbst die Geschiedenen und

Verlassenen haben für so etwas plötzlich einen Mann an der Hand. Ich riskiere daher die These: In 99,9 Prozent aller Haushalte ist es stets der Mann, dem der Griff ins Klo obliegt.

Ich weiß natürlich schon, was Katja mir auf so eine Vorhaltung vorhalten wird. Was sind schon ein halbes Dutzend männlicher Eingriffe ins verstopfte Klo im Verlauf von 40 Jahren gegen die tägliche, lebenslange Putzarbeit der Frauen, wird Katja sagen. Aber das werde ich so nicht stehen lassen können, denn erstens handelt es sich bei der Angabe «ein halbes Dutzend in 40 Jahren» um eine maßlose Untertreibung, und zweitens … – zweitens, also gut, geputzt wird das Klo von den Frauen wesentlich häufiger, auch in modernen partnerschaftlich-emanzipierten Ehen, wie ich sie mit Katja führe. Das liegt aber nicht daran, dass ich mich bewusst vor dem Putzen drücke, sondern daran, dass Katja wegen ihrer geringeren Frustrationstoleranz mir mit dem Putzen immer zuvorkommt. Sie stört sich schon an dem bisschen Staub auf der seit zwölf Wochen unbenutzten Klobrille unseres kleinen unbeheizten Ferienhauses auf der Insel Mainau, während ich völlig logisch folgere: Vor zwölf Wochen haben wir das ganze Haus geputzt, seitdem war hier niemand auf dem Klo, also ist es sauber.*

* Hier ist jetzt eine gute Gelegenheit, Talkshow-Moderatoren, Interviewern und sonstigen Fragern gleich die Frage zu beantworten, die ihnen immer als Erstes einfällt, wenn sie so ein Büchlein lesen: «Ist es autobiographisch?» Meine Antwort: Im Prinzip ja. Wenn Sie also nun vermuten, ich besäße wirklich ein Ferienhaus auf der Insel Mainau, und mich fragen würden, ob das stimmt, würde ich daher antworten:

Wegen solcher Inkompatibilitäten haben wir ständig Krach miteinander. Dabei wäre das gar nicht nötig, wenn Katja sich bewusst machte, dass sie mit mir ja noch unwahrscheinlich viel Glück hat. Sie sollte sich mal vorstellen, wie es wäre, mit meinem Freund Jochen verheiratet zu sein. Der stört sich, ganz wie ein Weib, fürchterlich an dem Staub auf der Klobrille, kommt jedoch im Traum nicht auf die Idee, einen Lappen in die Hand zu nehmen, sondern ruft in die Küche: «Sonja, das Klo ist schmutzig.»

Katja hatte zu Beginn unserer Beziehung auch solche Allüren, die ich ihr aber rasch dadurch ausgetrieben habe, dass ich immer dann, wenn so ein Ruf an mich gerichtet wurde, sagte: «Wer sieht, hat den Auftrag.» Seitdem sieht sie über manches hinweg.

Manchmal denke ich, es gibt nicht herrschende Männer und dienende Frauen, sondern Herren und Herrinnen auf der einen Seite und Diener und Dienerinnen auf der anderen. Aber dieses Fass will ich jetzt nicht auch noch aufmachen.

Vorrangig geht es mir nur darum, Katja anlässlich eines verstopften Klos und ihrer selbstverständlich vorgenommenen Delegation der Aufgabe an mich darauf aufmerksam zu machen, wie unreflektiert sie manchmal noch die alten Rollenklischees bedient. Und da fällt mir gerade

Im Prinzip ja, allerdings handelt es sich nicht um die Insel Mainau, sondern um die Stadt Mainz. Dort besitzen wir kein Ferienhaus, sondern eine Doppelhaushälfte, diese ist nicht unbeheizt, sondern beheizt, und auf der Insel Mainau gibt es keine Ferienhäuser. So in etwa hängen Dichtung und Wahrheit hier und in dem ganzen Büchlein zusammen.

ein: Katja hat vor ein paar Monaten Max dazu verdonnert, regelmäßig das Katzenklo zu reinigen. Warum eigentlich? Warum hat sie nicht Marlene damit beauftragt? Oder dafür gesorgt, dass sich beide diese Arbeit teilen?

Meine Frau, die emanzipierte, feministische Kämpferin für ein gleichberechtigtes Leben zu zweit, ist also offenbar in tief verwurzelte Atavismen verstrickt. Das werde ich ihr bewusst machen müssen.

Wahrscheinlich wird sie mir mit dem blöden Urhorden-Paradigma kommen: Männer waren in der Steinzeit Jäger, wurden regelmäßig vom Blut der erlegten Tiere besudelt, mussten oft bei Sturm und Regen durch Schlamm und Dreck waten, rutschten aus, fielen in die feuchte Mammutscheiße, blieben darin stecken, kommen seit damals bis heute nicht mehr aus ihrer analen Phase heraus – und haben daher im Lauf der Jahrtausende nie jenen kultivierten Abscheu vor Dreck und Schlimmerem entwickeln können, den wir bei Frauen so schätzen. Deshalb wird uns heute von den Frauen eine natürliche Zuständigkeit zugesprochen für alles, wofür sie sich zu fein sind.

Und wenn wir hinterher verdreckt in unsere Höhlen zurückkehren und stinken, kreischen die darin Kräutertee trinkenden Frauen: «Männer sind Schweine!»

Aber damit kommt Katja bei mir nicht durch. Zumal mir gerade bewusst wird, dass sie noch nie das Auto gewaschen, geschweige denn in die Werkstatt oder zum TÜV gefahren hat. Ich muss ja schon dankbar sein, wenn sie nicht den Tank bis auf den letzten Tropfen leer fährt.

Natürlich: Weil die Urweibchen angeblich immer in der Höhle hockten und die Urmännchen auf der Suche nach Beute ständig durch die Urwälder streiften, sollen die Männer von heute für alle Gerätschaften verantwortlich sein, die mit der Mobilität zusammenhängen. Ist dies Schema nicht ein bisschen primitiv für unsere hochdifferenzierte High-Tech- und Wissensgesellschaft? Und warum bin ich auch noch zuständig, wenn ein Loch in die Wand gebohrt und ein Schrank angedübelt werden muss? Die Bärenfelle haben ja wohl die Frauen an den Höhlenwänden befestigt. Und für die Information und Kommunikation sind auch seit jeher die Frauen zuständig. Ich aber muss aktiv werden, wenn Katjas E-Mail-Postfach wegen Überfüllung geschlossen wird, der Videorecorder nichts aufgenommen hat, der Anrufbeantworter seinen Geist aufgibt, das Handy nicht mehr düdelt, der Computer abstürzt. Was hat das alles mit dem Leben der Urhorde in der Steinzeit zu tun? Man kann nicht alles mit den Unsitten der Steinzeit rechtfertigen! Dieser primitive Sozialdarwinismus geht mir schon lange auf die Nerven!

Mein *Ich*, *Es* und *Über-Ich* verknoteten sich bei diesen Grübeleien so unentwirrbar, dass ich zunächst zu keiner Tat mehr fähig war. Nur die Reflexion, das reine Denken war mir noch möglich, und es dachte in mir: Warum eigentlich immer *Ich*? Katja macht es sich einfach. Es gibt, denkt sie, einfach gewisse Dinge, für die nicht *Ich*, also sie, zuständig ist, sondern das *Nicht-Ich*, er – also ich. Manchmal stellt sich sogar mir die Schirrmacher-Frage: Wer denkt mich eigentlich? Katja oder ich?

Ich wollte mir gerade zurechtlegen, wie ich den sicher schwierig werdenden Dialog mit Katja eröffne, dachte auch kurz über die Frage nach, ob man einen Paartherapeuten hinzuziehen solle, verwarf den Gedanken aber wieder, als Marlene hereinkam und voll des Hochmuts im Gesicht sprach: «Papa, weißt du eigentlich schon, dass du ein Auslaufmodell bist? Und du», sagte sie, zu Max gewandt, «du auch», knallte mir ein Magazin auf den Tisch, sagte, dass wir das lesen sollen, und stöckelte erhobenen Hauptes aus dem Wintergarten.

Ich blickte auf den Titel und erkannte, nur mäßig überrascht, mit einem Blick, worauf ich schon immer gewartet hatte: die vierte Kränkung der Menschheit.

Der männliche Makel

Drei große Kränkungen habe die Wissenschaft der Menschheit zugefügt, sagt Sigmund Freud. Nikolaus Kopernikus habe die Erde aus dem Mittelpunkt des Weltalls in die Bedeutungslosigkeit eines Staubkorns im Nichts katapultiert. Darwin habe uns die Abstammung vom Affen zugewiesen und uns damit die Gottebenbildlichkeit genommen. Und er selbst schließlich, Freud, habe uns die Illusion geraubt, wir seien Herren im eigenen Haus, geistgesteuert und vernunftgeleitet, während wir doch in Wahrheit von unseren Trieben und dem unbewussten Chaos in uns beherrscht würden.

Neuerdings vermutet man allerlei Hormone, Enzyme und natürlich die Gene hinter all der chaotischen Triebhaftigkeit, aber das ändert nichts an dem Befund, dass wir nicht viel zu melden haben bei den angeblich freien Entscheidungen, die wir angeblich mündige Bürger tagtäglich treffen.

Und nun, an einem friedlichen Septembermorgen, knallt mir meine Tochter die vierte Kränkung auf den Tisch. Das Perfide daran ist, dass es nur die halbe Menschheit kränkt, die männliche, also mich. «Warum gibt es eigentlich Männer»? lautete die Titelzeile jenes Magazins.

Nicht, dass ich etwas dagegen hätte, mich auch einmal infrage stellen zu lassen, warum also nicht gelegentlich das Prinzip Mann infrage stellen? Früher hätte ich in meiner eitel-selbstherrlich-zufriedenen Männlichkeit solchen FragerInnen wahrscheinlich aufmunternd zugerufen: «Nur zu, hinterfragt mich, prüft mich, macht mich fertig! Es ist für einen Mann wie mich äußerst lustvoll und schön, von euch Frauen auch einmal hart angefasst zu werden, haha.»

Aber in letzter Zeit haben eine Besorgnis erregende Häufung weiblicher Attacken gegen den Mann als solchen, ein zunehmend männerfeindliches, männerverachtendes Klima und ein stürmisch wehender weiblicher Zeitgeist meine sensible Männerseele doch ein wenig gebeutelt und zerzaust.

Von der Last des Wissens um die Verbrechen des Patriarchats gebeugt, von Selbstzweifeln zernagt und vom derzeit so modischen Männer-bashing zerrüttet, nahm ich also das legendäre Hamburger Magazin zur Hand, um mich der unheilschwangeren Frage zu widmen, wozu es eigentlich Männer gibt.

Ich erkannte natürlich sofort: Wer so fragt, hat uns bereits zum Abschuss freigegeben.

Zwar wissen wir: Als Gott am sechsten Tag sein Schöpfungswerk mit der Erschaffung von Adam und Eva gekrönt hatte, ruhte er am siebten Tag, betrachtete das Ergebnis seines Schaffens und «sah, dass es gut war». Aber das Magazin in seiner manchmal schwer erträglichen Siebengescheitheit meinte nun zu sehen: Es war nicht alles gut, die Eva vielleicht, ja, die war ganz gut gelungen, aber beim Adam hat der liebe Gott gepatzt.

Natürlich kommt das jetzt nicht gerade überraschend. Über Jahrtausende galt der Satz des Aristoteles: Frauen sind missglückte Männer. Über Jahrtausende lieferten uns Aristoteles et al. die Rechtfertigung, Frauen als Gebärmaschinen, Putzfrauen, Wäscherinnen, Köchinnen, Kindermädchen und Haushüterinnen zu verschleißen und notfalls als Hexen zu verbrennen. Jetzt also die Retourkutsche, die Rache. Logisch.

Aber ist es nicht tragisch, dass sie ausgerechnet uns ereilt, uns moderne, emanzipierte Männer, uns «Lämmerschwänzchen», wie unser Außenminister Fischer früher, als er noch kein Staatsmann war, zu sagen pflegte? Schließlich haben wir die Idee der Gleichheit als Erste wirklich ernst genommen und unsere Frauen in die Freiheit entlassen. Nun lassen sie ihre Wut an uns Unschuldigen aus. Wie fürchterlich und ungerecht die Rache wohl ausfallen wird?

Ich erinnere mich, wie wir emanzipierten Männer in den achtziger Jahren noch strotzend vor Selbstbewusstsein mit den Feministinnen über den Spruch gelacht haben: «Als Gott den Mann schuf, übte sie nur.» Wer an keinen Gott glaubte, immer noch der Herr war, glaubte auch an keine Göttin und hatte leicht lachen.

Doch jetzt, ein Vierteljahrhundert später, scheint man (frau?) es darauf anzulegen, dass uns das Lachen im Halse stecken bleibt, denn alle Welt glaubt ans Y-Chromosom, die «Heimat des Mannmacher-Gens». Darauf aber, so musste ich nun lesen, liege ein Fluch, diese Heimat schrumpfe und sei noch schlimmer «im Niedergang begriffen» als unser Industriestandort Deutschland. In den vergangenen 300 Millionen Jahren habe das Y-Chromosom bereits zwei Drittel seiner ursprünglichen Größe eingebüßt, und dieser Trend setze sich fort.

Das männliche Y-Ding, dieser mickrige, verkümmerte, verkrüppelte Wurmfortsatz eines richtig gesunden, wohlgeformten, weiblichen X-Chromosoms, habe die Fähigkeit verloren, sich zu regenerieren. Die Folge: Männer degenerieren immer weiter, bis sie schließlich an ihrer eigenen Lebensuntüchtigkeit zugrunde gehen. Artentod durch Männersiechtum sei aber nichts Besonderes. Schon oft seien im Verlauf der Erdgeschichte viele Tiere wegen des männlichen Makels ausgestorben, und nun ereile dieses Schicksal eben demnächst mich, die Krone der Schöpfung.

Nun gut, könnte ich sagen, den klassischen Dreisatz anwendend, den Katja übrigens noch immer nicht beherrscht, und mir vorrechnen: Wenn meine Y-Ranch während der letzten 300 Millionen Jahre zwei Drittel seiner ursprünglichen Ländereien verloren hat, dann dauert es noch 150 Millionen Jahre, bis gar nichts mehr da ist. Meine Aufregung darüber hielte sich doch sehr in Grenzen und bewiese nebenbei, wie beruhigend es sein kann, den Dreisatz zu beherrschen.

Andererseits lehren alle Katastrophen der Weltgeschichte, dass das Elend immer schon lange vor dem Eintreffen der eigentlichen Katastrophe beginnt und das Tempo der Fahrt in die Hölle nicht linear, sondern exponentiell zunimmt.* Die Frage wäre daher, ab welchem

* Sorry, das verstehen jetzt viele meiner Leserinnen nicht, aber es ist ein weit verbreitetes Vorurteil, dass Männer es besser wüssten. Darum jetzt für meine Leserinnen – Männer lesen ja nicht – die Erläuterung,

Prozentsatz und zu welchem Zeitpunkt wir die Grenze der Debilität erreichen und endgültig zum Pflegefall unserer Frauen werden. Glaubt man den neuen Hiobsbotschaften, haben wir nicht mehr allzu viel Zeit, hat der Niedergang, obwohl wir immerhin noch über ein Drittel unserer Heimat auf dem Mannmachergen verfügen, schon begonnen.

Man erkenne die großen Folgen des kleinen Unterschieds zwischen dem X- und dem Y-Chromosom schon jetzt an der Zunahme der Übel in der Welt, und diese Übel seien männlich, wird behauptet. Fast alle Schurken dieser Welt seien männlich, deren Opfer auch und der Rest aller Übel sowieso: organisierte Kriminalität, Sex-Tourismus, sexueller Missbrauch, Hooliganismus, Delinquenz, Vandalismus, Alkoholismus, Demenz, Massaker, Mord und Totschlag – alles Y-Chromosom-gesteuert.

Glückwunsch, Alice, Aufklärungsarbeit gelungen, «Emma» hat ganze Arbeit geleistet. Den Rest kann jetzt die Frauen-Fußball-Elf des DFB erledigen, die sich das Abo auf den Titel des Fußballweltmeisters erkämpft hat und so Fußballnationen wie Portugal mit 13:0 zu besie-

mit der sie bei der nächsten Diskussion mit Männern punkten können: Linear heißt, etwas wächst über die Tage, Monate und Jahre mit konstantem Faktor. Wenn sich also beispielsweise der männliche Zustand um den Faktor drei verschlimmert, heißt das, in zehn Jahren ist es dreißigmal schlimmer als heute. Degenerierten wir Männer, was Gott verhüten möge, exponentiell, also beispielsweise quadratisch (mit dem Exponenten zwei) wären wir in zehn Jahren zehn hoch zwei, also hundertmal schlimmer dran als heute. Noch katastrophaler wäre ein kubisches (zehn hoch drei gleich tausend) Wachstum, und bei einer Viererpotenz könnten wir uns gleich die Kugel geben.

gen pflegt, während Rudi Völlers Buben dankbar sein müssen, wenn sie gegen Frankreich nur 0:3 verlieren.

Das Elend, ein Mann zu sein, ist damit aber noch nicht zu Ende beschrieben. Es geht weiter beziehungsweise beginnt mit Frühgeburtlichkeit, Gehirnschäden, Lähmungen sowie angeborenen Fehlbildungen der Genitalien und Gliedmaßen. Jungs hinken in ihrer Entwicklung gleichaltrigen Mädchen hinterher, sind in der Grundschule kleiner als die Mädchen, bekommen mit den ersten Bartstoppeln ihre Pickel, müssen hinnehmen, dass die Mädchen aus ihrer Klasse mit älteren Jungs flirten, und an der Uni ziehen die Studentinnen an ihnen vorbei, weil sie die Profs verführen, während die Jungs als Sitzenbleiber, Schulversager und Studienabbrecher enden.

Von der Spermienzahl über die Gesundheit, die Intelligenz und Karrierechancen bis hin zur gesellschaftlichen Stellung sind die Träger des Y-Chromosoms im Niedergang begriffen. Kein Wunder, dass Männer sechs Jahre früher sterben als Frauen, häufiger an Herzinfarkt, Krebs oder Unfällen auf der Straße zugrunde gehen und sich dreimal häufiger als die Frauen selber umbringen. Was bleibt ihnen denn anderes übrig?

Wie katastrophal das Wirken dieser Ypsilon-Chemikalie sein muss, und das gibt mir nun allerdings wirklich zu denken, erkennt man an jenen bedauernswerten Geschöpfen, die durch eine Laune der Natur gleich mit zweien dieser chemischen Keulen geschlagen sind.

Der Laie, der ich bin, denkt, solche Männer mit dem Y-Doppelpack müssten ganz besonders männliche und darum beneidenswerte Kerle sein, wahre Testosteronschleudern, vielleicht sogar mit drei Hoden ausgestattet und auch sonst besonders herrlich.

Tatsächlich sind sie nur besonders dämlich. Sie tummeln sich überdurchschnittlich häufig im Knast, weshalb man zunächst glaubte, die zweite Y-Keule mache die Männer kriminell. Jedoch füllen diese armen XYY-Ganoven nur deshalb die Knäste, weil sie, stets an der Grenze des Schwachsinns entlangschrammend, für die Polizei besonders leicht einzufangen sind.

Geht also die Menschheit an uns Männern zugrunde? Nicht nur unser Hamburger Magazin behauptet das. Die untergangsschwangeren Mäkeleien an unseren kleinen männlichen Makeln sind schon länger in Mode. Christian Pfeiffer, Kriminologe, ehemals Justizminister Niedersachsens, ja der, der den Ost-Rechtsradikalismus mit der ebenso zweifelhaften wie Aufsehen erregenden These begründete, das käme vom sozialistischen Töpfchensitzen in den DDR-Krippen, Christian Pfeiffer lässt ebenfalls seiner Unzufriedenheit mit uns Männern freien Lauf. Wir überzögen mit unseren Aggressionen die Welt mit Gewalt, Terror und Krieg, verweigerten in vielen Ländern machismohaft den Gebrauch von Verhütungsmitteln, scherten uns einen Dreck um die Natur und gefährdeten dadurch das Überleben der Menschheit.

Ein weiterer Großdenker der Gegenwart, Francis Fukuyama, hat ebenfalls schon gemerkt, dass Aggressivität und intensive Konkurrenz um Dominanz in einer Statushierarchie vornehmlich von Männern ausgingen, und meint aber, wir könnten nichts dafür. Er verweist auf die Primatologie, die angeblich bestätige, dass männliche Angriffslust genetisch bedingt sei und der menschlichen Spezies zeitlich voranginge.

Das hatte ich auch schon öfters in der Zeitung gelesen, aber was wäre denn aus der Menschheit geworden, wenn wir Männer nicht mit einem gewissen Überschuss Adrenalin und Jagdlust unsere Steinzeitweibchen gegen den Säbelzahntiger verteidigt hätten? Ausgestorben wären wir, vom Säbelzahntiger ausgerottet, noch ehe wir die Pyramiden gebaut und das Rad erfunden hätten.

Nun, da wir den Säbelzahntiger besiegt haben, das Rad erfunden ist, die Pyramiden gebaut sind, die Weibchen sich in Sicherheit wiegen, stehen wir plötzlich als Übeltätervolk da und gefährden angeblich unser aller Überleben. Jetzt heißt es: Der Mohr hat seine Schuldigkeit getan, der Mohr kann gehen.

Vor diesem dunklen Hintergrund erstrahlt nun die andere, die wertvolle Hälfte der Menschheit umso heller, unsere Leistungsträgerinnen, die Trägerinnen des Lebens, der Zukunft und des X-Chromosoms. «Ohne moralisch integere, beruflich hoch motivierte, leistungsfähige und sozial engagierte Frauen wäre das ökonomische, soziale und politische System der westlichen Demokratien längst gescheitert», schleimte ein Soziologe dem Magazinredakteur ins Notizbuch.

Pfeiffer assistiert, Frauen setzten in Beruf, Familie und Alltag stärker auf Ausgleich und Konsens als die Männer, seien wesentlich sensibler für die ökologische Gefährdung durch Umweltverschmutzung und Raubbau an der Natur und protestierten weitaus energischer gegen Krieg, Terror und Gewalt.

Und Heide Göttner-Abendroth sprach schon 1988

den Frauen die Zuständigkeit für das «mütterliche Prinzip des Lebens, die Einigkeit, den Frieden und die Gleichheit aller Menschen» zu. Das Recht und die Freiheit hat sie noch vergessen, die Frau Göttner-Abendroth, und wo, Frau Göttner-Abendroth, bleiben die Güte und Barmherzigkeit? Oder die Herzensbildung, die soziale Gerechtigkeit, Glaube, Hoffnung, Liebe, die Vernunft, die Weisheit und das Wissen, sind die etwa nicht weiblich?

Allmählich komme ich mir vor wie der böse Bube, der immer schuld ist, egal, was er tut, und von seiner Gouvernante beschimpft wird, während diese ihren braven Mädchen zufrieden über die Köpfe streicht. Denke insgeheim aber auch: Ich sollte mal Katjas X-Chromosomen nachzählen, wahrscheinlich hat sie drei.

Was mache ich nun als ein mit dem Rücken zur Wand stehender Kümmerling mit solchen Nachrichten? Es bleibt mir wohl nur noch eine einzige Möglichkeit: scharf nachdenken.

Als Erstes fällt mir ein, dass ich als langjährig geübter Leser natürlich weiß, wie sehr dieses legendäre Hamburger Magazin auf Niedergänge, Untergänge, Skandale, Aussterbeszenarien und Katastrophen angewiesen ist. Das gehört zu seinem Geschäft, davon lebt es, nur bad news sind good news, und diese bad news werden von der Redaktion mit viel Liebe und großem erzählerischem Talent zu hübschen, modernen Gruselgeschichten komponiert. Ich lese sie alle gern.

Manchmal sehne ich mich aber mit vielen anderen Menschen auch nach ein paar good news. Und da denke ich mir: Es müsste doch ein Leichtes sein, ein paar willige

Wissenschaftler aufzutreiben, die für eine Hand voll Dollars und ein bisschen Ruhm bereit sind, aus ihren notfalls erst noch zu erstellenden Studien schon vorweg abzuleiten, dass sich unser Y-Chromosom im Verlauf der Jahrmillionen nur von Ballast befreit hat und sich noch immer weiter davon befreit, weil unser Chromosom wie ein Bildhauer, der alles Unnötige weghaut, durch Weglassen zur reinen männlichen Form oder Essenz vorzudringen versucht.

Oder man überredet ein paar Weißkittel aus der Wissenschaft, die als «Verkümmerung» missdeutete Schrumpfung des Y-Dings als Reduktion aufs Wesentliche zu interpretieren und den Vorrang der Qualität vor der Quantität zu betonen, vielleicht verbunden mit der Nachricht von der Entdeckung wichtiger Bodenschätze am Standort Y-Chromosom und der Prognose eines kometenhaften Aufstiegs meines Geschlechts.

Die Zeitungen sollen ruhig schreiben, dass selbst bei Betrug hierzulande in 99 Prozent der Fälle Männer die Täter sind. Meinetwegen zitieren sie auch jene Forscher, die ausgerechnet haben wollen, dass in einem Stadtteil im Süden Londons die Gesellschaft jährlich 6000 Euro pro Kopf ausgeben muss für junge Männer, welche diese Kosten im Gefängnis, in der Gesundheitsversorgung und für die Behebung der von ihnen angerichteten Schäden verursachen. Eine junge Frau verursache nur ein Zehntel der Kosten.

Das mag in England so sein, aber vielleicht deckt dann irgendein Enthüllungsjournalist auch einmal auf, dass es nicht die Chromosomen sind, sondern die Frauen, die uns in den Alkohol treiben, ins Verbrechen, in die Raserei, zu den Thaimädchen, in die Demenz und zu Mord und Totschlag.

Als Zweites fällt mir ein: Mit den Ergebnissen der Primatenforschung lassen sich möglicherweise die ziemlich überschaubaren Verhaltensweisen von Männern wie Dieter Bohlen oder George Bush erklären, aber doch nicht die vernunftgeleitete Komplexität, Rätselhaftigkeit und überreich differenzierte Struktur meiner Persönlichkeit.

Ich für mein Teil bin daher noch nicht ganz reif für die Raserei und möchte erst noch die Frage geklärt haben, ob denn an all diesen Übeln wirklich ganz allein die unglückliche Verkettung ungünstig konstruierter Eiweißmoleküle schuld sein kann?

Gibt es keine besseren Erklärungen? Zum Beispiel die Beobachtung, dass hinter jedem unglücklichen Mann eine herrschsüchtige Frau steckt? Oder eine ehrgeizige? Oder eine habgierige? Oder sonst eine? Oder das Gegenteil von allen, nämlich keine, also männliche Einsamkeit und rational unbegründetes männliches Sehnen nach einer Frau? Davon liest man in den Gazetten nichts.

Stattdessen wird mir zu meiner Rettung vorgeschlagen, mich kastrieren zu lassen, weil Männer, die, aus welchen Gründen auch immer, ohne Hoden auskommen müssen, im Durchschnitt 13 Jahre länger leben als Hodenträger. Wissenschaftler führen das auf das von den Hoden produzierte Männlichkeitshormon Testosteron zurück.

Es schwäche die Immunabwehr, sagen sie, drossele die Energiezufuhr in das Immunsystem, damit der Mann sich als Wichtling fühlen und seine Kraft in typisch männliche, also sinnlose Aktivitäten umlenken kann, beispielsweise in die Fähigkeit, mit Hörnern auf dem Kopf durch den Wald zu laufen und zu röhren oder Dreisatz-Aufgaben zu lösen.

Irgendwie reicht es mir jetzt mit den Beleidigungen meines Geschlechts. Ich frage mich: Wer schreibt so etwas? Was hat so eine Hetze in einem Nachrichtenmagazin verloren? Ist es einem radikalfeministischen Autorinnenkollektiv gelungen, dem Magazin diesen Hetzartikel unterzujubeln? Ich schlug die letzte Seite des Artikels auf und las in der Autorenzeile: Jörg Blech und Rafaela von Bredow.

Dass das Girlie in diesem Gespann den Artikel mit orgasmischer Wollust niederschrieb, verstehe ich natürlich. Das Vergnügen, das Rafaela dabei empfunden haben muss, springt einen aus jeder Zeile an. Geradezu sturzbachartig quellen ihr die Schmähungen aus der Feder: eine Krankheit namens Mann, nur noch als Samenspender nötig und auch in dieser Funktion, dank Gentechnik, bald überflüssig, Irrläufer der Evolution, Parasit des Weibchens, Fluch des Y-Chromosoms, Mängelwesen der Natur, missglückte Frau, genetisches Ödland, Seuche, Krüppel, Niedergang, Untergang, Elend, Tod und Apokalypse.

Ich fühlte, als ich das alles las, ein großes Verlangen nach einer neuen Bewegung, einer Maskulinistenbewegung, in mir aufsteigen, hatte die Vision eines maskulinistischen Manifests und einer brandneuen Zeitschrift, eines publizistischen Zentralorgans der neuen Bewegung. Vielleicht sollte es «Harry» heißen. Dort würde es den Titel «Megäre des Monats» geben, der regelmäßig an jene Personen des öffentlichen Lebens verliehen würde, die sich durch besonders niederträchtig-männerfeindliche und menschenverachtende Girlie-Chauvinismen hervorgetan haben.

Rafaela wäre die erste Anwärterin für diesen Titel gewesen. «Es ist recht schön und liebenswürdig von dir, liebe Rafaela, dass du des Mannes Zustand mit so viel Teilnahme bedenkst; allein erlaube mir, dich aufzufordern, auch deiner zu gedenken», hätte ich geschrieben, und dann hätte ich sie gnadenlos abgebürstet.

Aber was hätte ich mit Jörg gemacht? Warum erkenne ich nirgends seine Handschrift? Gibt es ihn wirklich, und er musste mit den Wölfinnen heulen? Wurde er von den Redakteurinnen gefoltert? Und warum berufen sich Rafaela und Jörg ausschließlich auf Männer? Steve Jones («Der Mann. Ein Irrtum der Natur?») zitierten sie, Bryan Sykes («Keine Zukunft für Adam») und Dieter Otten («MännerVersagen»). Gibt es ein neues Phänomen, den männlichen Selbsthass? Oder handelt es sich bei diesen Autoren um Marionetten in der Hand einer mächtigen Macha? Befindet sich nicht das ganze Medienbusiness schon fest in weiblicher Hand?

Ich muss jetzt ruhig Blut bewahren, denke ich, ich muss jetzt messerscharf argumentieren. Zum Beispiel könnte ich sagen, dass ich die Frauen ja verstehe mit ihren Rachegelüsten und ihrem Männerbashing, aber dass sie's jetzt auch mal wieder gut sein lassen könnten, denn auf Dauer schaden sie sich damit nur selbst.

Frauen als moralisch bessere Hälfte, das ist doch ein Schmarrn. Nicht einmal Katja würde behaupten, dass sie moralisch über mir stehe. Auch sie wird hin und wieder von Adrenalinstößen durchzuckt, ihr Aggressionspotenzial steigt zuweilen höher als meins, einem Streit ist sie noch nie ausgewichen, und sie wirft sich durchaus lustvoll und kämpferisch in die sinnfreien Gefechte röhrender Platzhirsche, das würde sie jederzeit bereitwillig zugeben.

Und wenn ich mir all die Fläschchen und Döschen betrachte, die Püderchen und Wässerchen, mit denen sie jeden freien Quadratzentimeter unseres Badezimmers bedeckt, wenn ich an die vielen Schaumbäder denke, die Katja regelmäßig nimmt, wenn ich sehe, wie sie jeden zusätzlich angeschafften Schuh- oder Kleiderschrank in kürzester Zeit mühelos füllt, wenn ich im Winter in Sommerhemden durch die Wohnung laufen muss, weil Katja die Heizung bis zum Anschlag hochdreht, wenn Katja jeden Abend sämtliche Ecken des Hauses innen und außen beleuchtet, weil sich Behaglichkeit erst ab ungefähr sieben Dutzend leuchtender Lampen einstellt, für deren Betrieb sich die Anschaffung eines Blockheizkraftwerks lohnte – dann zweifle ich doch sehr, ob ihr Umweltbewusstsein tatsächlich um so viel ausgeprägter ist als meins.

Gut, der Einzelfall Katja beweist noch gar nichts, aber ich kenne ja auch Katjas Freundinnen, ich kenne deren Freundinnen und Töchter, ich kenne meine Mutter, meine Schwiegermutter, meine Schwestern, Tanten und Cousinen, die Lehrerinnen, die ich hatte, Kolleginnen, Chefinnen, Verkäuferinnen, Frauenfiguren der Literatur, dazu Ex-Gattinnen, Ex-Geliebte, Ex-Luder und, ganz gefährlich, Praktikantinnen.

Alles Einzelfälle, gewiss, aber in der Summe doch ausreichend, um generalisierend sagen zu können: Ihr seid auch nicht besser als wir. Und das solltet ihr nicht als Vorwurf verbuchen, sondern als Chance, denn die einfältige Vorstellung von der Frau als besserer Hälfte hatten wir schon einmal, und es hat euch nicht zum Vorteil gereicht. Das Bild von der Frau als Erhalterin des Lebens mit ihrer Nähe zur Natur, Religiosität und Spiritualität hat 1861 der Schweizer Gelehrte Johann Jakob Bachofen an die Wand gemalt.

Es war die Zeit, in der männliche Hybris sich einzubilden begann, in der Geschichte so etwas wie Naturgesetze zu erkennen, und einerseits meinte, den weiteren Verlauf der Weltgeschichte bestimmen zu können, sich andererseits legitimiert fühlte, dem Verlauf notfalls mit Gewalt etwas nachzuhelfen, wenn die Geschichte nicht ganz so wollte, wie es sich die Großhirne der damaligen Zeit in den Kopf gesetzt hatten. Während des ganzen 20. Jahrhunderts hatten wir alle Hände voll zu tun, um mit den Folgen dieser Hirngespinste unserer Meisterdenker fertig zu werden.

Bachofen war auch so einer. Für ihn verlief die Geschichte vom «naturhaft-stofflichen und gleichheitlichen» Mutterrecht zum «geistigen Vaterrecht». Er gehört zu den Urhebern jener Idee eines goldenen Zeitalters des Friedens und des Matriarchats, welches als Gegenbild zum machtgerichteten Handeln der Patriarchen diente. Dieses Bild hat kurioserweise fast allen Männern gefallen, den Nazis genauso wie den Kommunisten, auch Friedrich Engels, Ernst Bloch und Erich Fromm waren davon angetan.

Möglicherweise wurde dabei die Kehrseite dieser Idylle übersehen. In einem Frauenbild, das bereits vollständig ausgefüllt ist von Mutterschaft, Naturhaftigkeit der Lebensprozesse und Spiritualität, ist dann leider kein Platz mehr für Kreativität, Geist und Kultur.

Um dieses Revier musste sich daher fast notgedrungen, ja naturnotwendig, der Mann kümmern. Wahrscheinlich ist das der Grund, warum dieses Bild Männern unterschiedlichster Couleur so gut gefallen hat. Die Frauen von heute aber muss ich fragen: Wollt ihr das noch einmal, ihr die Natur und das Gute, wir der Geist und das Böse? Eben.

Ich aber habe jetzt ein anderes Problem. Während der ganzen Zeit, in der ich das Magazin las, stand Max neben mir, guckte sich die Fotos an, las die Bildunterschriften und Überschriften, hörte mich stöhnen und schnauben, sah mich manchmal etwas ratlos an, wartete wohl auf ein klärendes Wort von mir, sodass ich schließlich verstört aufblickte, ihm in die Augen sah und sprach: «Fürchte dich nicht, mein Sohn, ich kann dir alles erklären.»

Väter, Söhne und das Regiment der Frauen

«Also, pass auf», sagte ich zu Max, «drei Dinge musst du wissen. Erstens: Selbstverständlich sterben wir nicht aus, schon gar nicht wegen irgend so einem lächerlichen Chromosomenglibber. Und wenn doch, fänden wir Trost bei jenem ‹Spiegel›-Leser, der geschrieben hatte: ‹Wenn ich mir den Zickenhaufen in 125 000 Jahren vorstelle, frage ich mich doch, ob auszusterben da nicht die größere Gnade ist.›

Wir Männer werden auch nicht so schnell überflüssig, nur weil einige Genklempner behaupten, demnächst die Babys in Reagenzgläsern basteln zu können. Die Herren sollen erst mal mit Aids, Krebs und Alzheimer fertig werden. Im Übrigen ist die ganze Genklempnerei ziemlich fest in männlicher Hand, die werden ja wohl nicht so blöd sein und uns gentechnisch aus der Welt verschwinden lassen. Zweitens musst du wissen …»

«Aber warum schreiben die dann so etwas?», unterbrach mich Max.

«Ach, Woche für Woche müssen die ein ganzes, dickes Heft füllen und es auch noch verkaufen. Glaubst du, dass irgendjemand das Magazin kaufen würde, wenn auf dem Cover stünde: ‹Zwischen Mann und Frau alles bestens›? Darum sind die jedes Mal dankbar und froh, wenn wieder irgendein mit akademischen Würden ausgewiesener Eierkopf irgendetwas Haarsträubendes behauptet, beispielsweise, es sei uns bestimmt, an unseren Chromosomen zugrunde zu gehen.»

«Und warum behaupten die Eierköpfe so 'n Zeug?», fragte Max.

«Was weiß ich, vielleicht sind sie mehrmals geschieden, müssen wahnsinnig viel Unterhalt zahlen, und dafür reicht das Professorengehalt nicht. Vielleicht taumeln sie seit Jahren von einer Beziehungskiste in die andere und wollen jetzt schreibend reflektieren, warum das so ist.

Oder sie langweilen sich ein bisschen bei ihrer Forscherei, sind nicht richtig ausgelastet, wollen ihre freie Zeit aber nicht zu Hause bei ihrer Frau und ihren Kindern verbringen, weil ihnen das zu anstrengend ist, also schreiben sie lieber ein Buch. Es gibt viele Gründe, ein Buch zu schreiben. Ich, zum Beispiel, muss Bücher schreiben, weil Giovanni es so will. Wenn ich aufhörte zu schreiben, hätte er nichts mehr zu lektorieren und würde von seiner strengen Chefin gefeuert.»

«Giovanni hat eine Chefin?»

«Ja, natürlich, wusstest du das nicht? Ist aber völlig normal. Die ganze Bewusstseinsindustrie befindet sich mittlerweile fast vollständig in weiblicher Hand. Ich wollte aber auf den zweiten Punkt kommen. Du müsstest dir nämlich um deine Zukunft selbst dann keine Sorgen machen, wenn dieser Unsinn stimmte, den die Eierköpfe erzählen.»

«Und warum nicht?»

«Weil du eine unverwüstliche Siegernatur in dir hast.»

«Jetzt sag aber bloß nicht, die hätte ich von dir geerbt.»

«Doch, genau das sage ich dir, du hast von mir eine Siegernatur geerbt. Aber nicht ich behaupte das, sondern Dietrich Schwanitz, der begnadetste Männerversteher der nördlichen Halbkugel. Er muss zwar auch wieder bis zu den Affen zurückgehen, um uns schwankenden Gestalten Halt und Sicherheit zu geben in dieser Welt der Niedergänge. Aber dafür findet er einen auf den ersten Blick starken Trost für uns.

Gorillas, sagt Schwanitz, aber auch Löwen und viele andere Tiere leben in Herden, in denen meist ein Pascha das Sagen hat. Nur dieser Pascha kommt zur Fortpflanzung. Alle anderen Männchen würden auch gern, aber dürfen nicht, es sei denn, sie besiegen den Pascha, aber der ist ja gerade deshalb Pascha, weil er allen anderen bereits gezeigt hat, wer hier der Boss ist.

Und jetzt kommt's: Die anderen sind zwar Loser, aber erst jetzt sind sie es, und zwar auf hohem Niveau, denn sie selbst sind die Nachkommen der Nachkommen von Siegern. All ihre Vorfahren bis hinunter zu ihrem ersten Urahn waren Sieger, denn nur diese haben sich fortpflanzen können.

Der aktuelle Pascha trägt also schon eine ellenlange Latte von Siegergenen mit sich herum, die er wiederum an seine Nachkommen weitervererbt, aber von denen wird nur einer, der Stärkste, zur Fortpflanzung kommen, in der übernächsten Generation wieder nur der Stärkste und so fort.

Und das heißt: Wir, du und ich, sind die Sieger, die aus Siegern über Sieger über Sieger herausgemendelt wurden. Die Frauen können das nicht von sich sagen, die hatten ja diesen Selektionsdruck nicht, die mussten nichts leisten, um sich fortzupflanzen, denn der Pascha hat sich keine entgehen lassen.»

«Ist das nicht eine Theorie von jener primitiv sozialdarwinistischen Sorte, die dir sonst so verhasst ist?», fragte Max.

«Genau das ist es», antwortete ich, «zumal, wie auch Schwanitz weiß, die goldenen Zeiten der strengen Pascha-Herrschaft unter uns Menschen längst vorüber sind. Inzwischen haben wir ja die Zivilisation eingeführt, in der jeder Spatz und jeder Blender zum Zuge kommt, solange er es nur schafft, seiner Spätzin vorzumachen, er sei ein Schwan, aber wenn mir dieser primitive Sozialdarwinismus ausnahmsweise mal in den Kram passt, bediene ich mich seiner gerne.»

«Wozu?», fragte Max. «Ich dachte, du wolltest mich beruhigen. Glaubst du, ich lasse mich mit Argumenten ruhig stellen, die du selber für Schwachsinn hältst?»

«Ich erzähle dir das ja auch nicht, um dich ruhig zu stellen, sondern damit du etwas lernst.»

«Was soll ich denn jetzt gelernt haben?»

«Wie man Schwachsinn durch anderen Schwachsinn aufhebt. Das hast du gelernt. Und jetzt lernst du gleich noch etwas, und das wird dich tatsächlich beruhigen, jetzt komme ich nämlich zu meinem dritten und wichtigsten Punkt. Du brauchst dir um deine Zukunft als Mann vor allem deshalb keine Sorgen zu machen, weil» – nun wurde ich unfreiwillig etwas feierlich, fast pathetisch – «weil du das unwahrscheinliche Glück hast, in einer sehr seltenen Ausnahmesituation heranzuwachsen. Das ist mir schon vor vielen Jahren bewusst geworden, als du noch in den Kindergarten gingst und eines Tages freudestrahlend nach Hause gekommen bist und erzähltest, dass du jetzt einen Erzieher hast. Weißt du noch …?»

«Jochen», sagte Max.

«Richtig, Jochen. Du hast ihn damals mit Handschellen ans Klettergerüst gekettet und dich geweigert, den Schlüssel herauszurücken. Die anderen Erzieherinnen und deren Chefin haben etwas verunsichert reagiert, wussten nicht so recht, wie sie damit umgehen sollten, und baten dich und uns, die Handschellen künftig doch besser zu Hause zu lassen. Wahrscheinlich bist du das einzige Kind in Deutschland, das mit Handschellen in den Kindergarten gegangen ist und seinen Erzieher gefesselt hat.»

«Und was hat das jetzt mit meiner Zukunft als Mann zu tun?», fragte Max.

«Das mit den Handschellen hat nichts damit zu tun, fiel mir nur gerade so ein, wegen Jochen. Obwohl, wenn ich's mir recht überlege – es war wahrscheinlich kein Zufall, dass du ausgerechnet den einzigen Mann im ganzen Kindergarten gefesselt hast. Nur er war wahrscheinlich bereit, sich von dir fesseln zu lassen.»

«Stimmt», sagte Max, «ich hatte es auch bei der Kindergartenleiterin probiert, aber die hat sich unter irgendeinem Vorwand davongemacht.»

«Siehst du, weil Frauen nichts verstehen von Bubenseelen. Weil sie gleich an Gewalt, Folter, Terror und Krieg denken, wenn sich ein kleiner Junge einen Spaß mit Handschellen machen will. Jochen hat wahrscheinlich geahnt, dass du diesen Fesselscheiß jetzt brauchst für dein noch schwach ausgeprägtes Selbstbewusstsein. Deshalb hat er mitgespielt.

Deshalb sage ich ja immer, dass wir mindestens dreißig

Prozent mehr Männer in der Erziehung brauchen. Das nämlich war der eigentliche Aha-Effekt, den deine Jochen-Geschichte in mir ausgelöst hat. Mir wurde plötzlich klar, dass ihr Jungs heutzutage fast ausschließlich unter Frauen aufwachst.

Im Kindergarten habt ihr Erzieherinnen, in der Grundschule Lehrerinnen, in der Haupt- und Realschule habt ihr fast überwiegend wieder Lehrerinnen, und sogar an den Gymnasien unterrichten jetzt mehr Frauen als Männer.

Und zu Hause? Viele Jungs leben bei ihren allein erziehenden Müttern, auch dann, wenn diese Mütter verheiratet sind. Die meisten deiner Freunde sehen ihre Väter, wenn sie Glück haben, gerade noch morgens kurz vor dem Frühstück. Viele Väter müssen sich abends oder am Wochenende fortbilden, dann müssen sie joggen und in den Fitness-Gulag, um sich fit zu halten für den Kampf um Marktanteile gegen die Koreaner und Taiwanesen.

Also, du siehst: Deine Freunde haben zwar Väter, aber sie sind nicht da. Du hingegen hast einen Vater, der da ist.»

Max antwortete: «Abgesehen davon, dass es dir nicht schaden würde, mal gelegentlich wieder zu joggen und ins Fitness-Studio zu gehen, stimmt es zwar, dass du da bist, aber eigentlich bist du ja doch nicht da, sondern hockst in deinem Büro, hackst deine Texte in den Computer und kriegst einen Anfall, wenn ich dich mal störe. Und außerdem: Glaubst du wirklich, dass es einen so großen Unterschied macht, ob sich Frauen oder Männer um uns kümmern?»

Tief durchatmend erwiderte ich:

«Jetzt halt mal die Luft an, mein Lieber, aufs Joggen und den Gang ins Fitness-Studio verzichte ich schweren Herzens, und zwar nur wegen euch, um mehr Zeit für dich Frechdachs, deine Schwester und deine Mutter zu haben. Daher verfette ich, ich weiß, aber diese Last nehme ich auf mich um euretwillen.

Und du hast zwar Recht, dass ich von morgens bis abends nur hocke und hacke und mich ungern dabei stören lasse – ich hocke da übrigens nicht zu meinem Vergnügen, sondern um die Finanzierung deines Studiums zu sichern, die Miete für deine Bude zu verdienen und deine Klamotten, Skateboards, Inliner und zahlreichen Spezialfahrräder zu bezahlen, dies nur nebenbei.

Und gib's doch zu: Ich bin zwar nicht richtig da, weil ich im Büro arbeite und nicht gestört werden möchte, aber das Wissen, dass ich da unten im Keller sitze und jederzeit aktiviert werden kann, wenn's nötig ist, muss doch unheimlich beruhigend auf dich wirken. Außerdem glaube ich wirklich: Dass ich zu Hause bin und koche und du siehst, dass einem Mann kein Zacken aus der Krone bricht, wenn er mal einen Putzlappen in die Hand nimmt, wird dir ein ganz anderes Männerbild vermitteln, als es das Fernsehen tut oder als mir noch eingetrichtert wurde.»

«So oft sehe ich dich auch wieder nicht mit dem Spüllappen herumlaufen, und das Klo putzt meistens die Mama. Und die Mama sagt auch, dass du nicht so ein Buhei machen sollst, wenn du mal einen Lappen in die Hand nimmst.»

«So, sagt sie das? Soso, na ja, ich muss ja sowieso mal

mit ihr einiges bereden, ich komme nur nie dazu, weil deine Mutter in letzter Zeit mit ihrer Firma verheiratet ist und ihre Mitarbeiter für wichtiger hält als ihre Familie.»

«Sie muss halt das Geld für dein Auto verdienen und für dein Büro und deine zahlreichen Computer.»

«Deine Mutter arbeitet hauptsächlich für ihr Auto und ihre Klamotten und ihre zahlreichen Schuhe, und die Kosten für meinen und euren Lebensunterhalt verdiene ich immerhin noch selbst», sagte ich leicht verbiestert, da dieses Gespräch eine unangenehme Wendung zu nehmen drohte, und ging daher zum Gegenangriff über: «Im Übrigen, wenn du meinst, dass deine Mutter offenbar zu Recht klagt, dass sie zu oft das Klo putzen müsse, warum nimmst du ihr nicht einen Teil der Arbeit ab?»

«Ich kümmere mich ja schon ums Katzenklo.»

«Ich führte übrigens wegen dieser Angelegenheit ein Gespräch mit deiner Mama. Ich hatte darauf gedrungen, dass auch Marlene das Katzenklo reinigt und ihr euch die Arbeit teilt. Hat sie dir schon mal geholfen?»

«Ja, aber sie hat sich so saublöd angestellt und sich so vor dem Gestank geekelt, dass ich ihr sagte, lass nur, ich mach das alleine. Dafür bügelt sie mir jetzt die Hemden. Da stell ich mich nämlich saublöd an.»

«Aha, gut dass du das sagst, damit sind wir nämlich wieder beim eigentlichen Thema. Dir macht es also nichts aus, das Katzenklo zu reinigen. Marlene hingegen meint, sich übergeben zu müssen, wenn sie das Ding nur anfasst. Hast du dich schon einmal gefragt, warum das so ist?»

«Jetzt bin ich aber gespannt.»

«Erinnerst du dich, als wir aus München weg und aufs Land gezogen sind? Da hatten wir einen Nachbarn, dessen Haus voller Mäuse war. Er setzte große Hoffnungen auf unsere Katzen. Völlig zu Recht. Innerhalb von 14 Tagen war sein Haus mäusefrei. Es waren mehr, als die beiden fressen konnten, daher lagen die Leichen bei uns herum, auf der Terrasse, vor der Haustür, unter Mamas Schreibtisch, in meinem Büro.

Das war nicht weiter schlimm, denn du hast alle eingesammelt, um sie mit dem Küchenmesser aufzuschlitzen und zu untersuchen. Du hast es zu einer großen Kunstfertigkeit im Sezieren von Mausleichen gebracht, hast fachkundig Herz, Magen und Darm freigelegt.

Die Katzen erweiterten unterdessen ihren Aktionsradius und brachten gelegentlich auch mal eine Ratte, einen Siebenschläfer oder einen Vogel nach Hause. Du hast die Leichen im Garten vergraben und drei Wochen später wieder ausgegraben, abgewaschen, fotografiert, noch mehrmals eingegraben und wieder ausgegraben.

Als deine Mutter dich einmal dabei entdeckte, wie du eine halb verweste Leiche in der Küche waschen wolltest, bekam sie einen Schreikrampf und fiel fast in Ohnmacht, als sie dann auch noch die Knöchelchen und Eingeweide sah, die du auf deinem Schreibtisch ausgebreitet hattest. Daraufhin wollte sie dir diese Beschäftigung verbieten.

Und da schritt ich dann ein und sagte sinngemäß, dass sie dich gewähren lassen müsse, denn das hätte ich als Bub auch gemacht. Alle Buben wollen das machen, müssen es machen, aber nur wenige dürfen es. Buben, die nur eine Mutter zu Hause haben, dürfen es nie. Sie müssen es aber dürfen, denn das gehört zur jungenspezifischen Auseinandersetzung mit dem Tod, weckt und fördert auch das naturwissenschaftliche Interesse, gehört einfach zur Mannwerdung dazu. Daraufhin ließ sie dich gewähren, bestand nur darauf, dass du deine naturwissenschaftliche Neugier im Garten befriedigst und deine Leichenwäsche mit dem Gartenschlauch erledigst.

Aufgrund dieser hohen elterlichen Toleranz kamen alle deine Freunde zu dir, die das zu Hause nicht durften, weil sie ja keine Väter haben, die in solchen Fällen für sie eintreten, und ihr habt dann gemeinsam so etwas wie eine systematische Tieranatomie betrieben, die Leichen seziert, zerschnitten, einige Gewebeproben sogar unterm Mikroskop betrachtet.

Ihr kamt auf die Idee, die Beute unserer Katzen in Marmeladengläsern luftdicht zu verschließen und den Verwesungsprozess zu beobachten. Manche Gläser habt ihr offen gelassen und erstaunt beobachtet, dass sich Maden darin bilden und die Leichen auffressen.

Deine Mutter und ich bestanden nur darauf, die Gläser im Garten zu deponieren statt im Kinderzimmer. Gelegentlich wurden die Gläser auch wieder geöffnet, nicht selten auf dem Küchentisch, und unsere Proteste gegen den bestialischen Gestank wurden von euch toleriert. Unsere Erziehung zur Toleranz trug also Früchte.

Einmal haben die Katzen eine sehr große Ratte gebracht, und du hast sie in einem unserer besten Kochtöpfe so weich gekocht, dass du mühelos das Fleisch von den Knochen lösen konntest. Die Knochen hast du mit Uhu zu einem Rattenskelett zusammengeklebt, sehr genau, sehr fachmännisch. Es stand wochenlang auf deinem

Tisch, bis der Hund hereinkam und mit seinem Schwanzgewedel das Skelett vom Tisch fegte.

Dein Freund Lukas wollte auch eins haben, also hast du gewartet, bis die Katzen wieder eine Ratte angeschleppt brachten. Wieder hast du sie weich gekocht, aber diesmal kam deine Mama dazu und tobte wie eine Rasende durch die Wohnung. Den guten Kochtopf mussten wir wegschmeißen.

Deine Rattenkochphase ist ja jetzt gottlob schon lange vorbei. Danach kam deine Kreucht-und-fleucht-Phase. Stundenlang hast du im Garten Spinnen, Käfern, Wespen, Maden, Raupen, Schnecken, Schmetterlingen, Kellerasseln und Würmern bei der Arbeit zugesehen, und ich habe dir gezeigt, wo du die Asseln findest, wie man Schmetterlinge fängt und Maden züchtet. Nur einmal bin ich ausgeflippt, als du Nacktschnecken in der Mikrowelle gegart hast. Die sind darin explodiert, haben die ganze Mikrowelle versaut, und ich musste sie stundenlang putzen.

Aber ich merkte, dass du das brauchst, nicht nur die Reptilien, Insekten und das ganze Gewürm, sondern auch mein Interesse für deine Interessen. Außerdem merkte ich, dass ich dich damit von deiner Scheiß-Videospielkonsole wegbringe, dass alle Bücher über Spinnen, Fische, Reptilien und Insekten, die ich dir kaufte, von dir nicht nur gelesen, sondern aufmerksam studiert, immer wieder hervorgeholt wurden. So kamst du ans Lesen.

Deine Mutter hatte immer probiert, dich mit Märchen und Sagen zum Lesen zu bringen, aber diese Bücher hast du nicht angerührt, und deine Mutter war schon ganz verzweifelt. Auf die Idee, Bücher über eklige Spinnen und Würmer zu kaufen, wäre sie, wenn überhaupt, erst sehr spät gekommen. Und wenn du heute in Deutsch und Biologie fast nur Einsen und Zweien schreibst und dich darüber hinaus freiwillig ums Katzenklo kümmerst, dann ist das auch meiner väterlichen Vorarbeit zu verdanken, meinem Verständnis für deine Interessen, den ungezählten Besuchen in naturkundlichen Museen, Zoos, Aquarien und Terrarien. Und natürlich meinen Genen.»

«Ist ja schon gut, Papa.»

«Ja, natürlich ist das gut, du brauchst dich jetzt gar nicht über mich zu mokieren, kannst dir ruhig einmal bewusst machen, wie privilegiert du aufwächst. Nicht jedes Kind hat so einen Vater wie du, und nicht jedes Kind hat einen Garten mit Fischteich. Im Übrigen hat dieser Artikel nicht mich beunruhigt, sondern dich. Deine Beunruhigung war überhaupt der Anlass für diesen väterlichen Vortrag.»

«Na, jetzt bin ich ja beruhigt.»

«Allzu ruhig solltest du auch wieder nicht sein, denn es ist nicht alles aus der Luft gegriffen, was die Journalisten und Wissenschaftler da schreiben. Dass ihr Jungs es heutzutage viel schwerer habt, als wir es hatten, scheint mir eine Tatsache zu sein. Als ich ein Kind war und auf die Straße ging, fand ich dort so gut wie immer irgendwelche Spielkameraden, die jünger, älter und gleichaltrig waren. Wenn ich nach Hause ging, traf ich meinen Opa und meine Geschwister.

Heute ist das ganz anders. Es gibt weniger Kinder als früher, und diese wohnen verstreut in den Städten und Dörfern, darum haben Jungs heute kaum noch die Möglichkeit, Kinderbanden zu gründen und gemeinsame

Streifzüge durch die Umgebung zu unternehmen. Ihr wachst einsamer auf als wir.

Viele von euch haben Eltern, die beide arbeiten, und was macht man da als Junge allein zu Haus? Man verfettet vor dem Fernseher, der Videospielkonsole und dem Computer und spricht kein einziges Wort. Mädchen telefonieren wenigstens.

Ihr dagegen verstummt, habt dann Sprachprobleme in der Schule, seid Nieten im Sport und habt überhaupt mehr Entwicklungsstörungen als Mädchen, vielleicht auch, weil zu Hause die Väter fehlen und in der Schule die Männer. Ihr kennt Männer fast nur vom Fernsehen, und da zeigt man euch entweder falsche Supermänner oder falsche Idioten oder richtige Idioten, die als Stars und Vorbilder gehandelt werden, und nur äußerst selten wirkliche und vernünftige Männer.»

Max schwieg. Es entstand eine Gesprächspause, in die hinein er sagte: «Weißt du noch, als ich meine Angelphase hatte? Da saßen wir oft stundenlang am Ufer, hielten die Angeln ins Wasser, fingen nichts, redeten kein Wort, aber waren sehr zufrieden.»

«Das war aber kein Verstummen, sondern ein beredtes Schweigen. Das Schweigen der Männer. Glückliche, stille, ungestörte Harmonie unter Männern. Diese wortlose Harmonie war keineswegs sprachlos. Wenn uns jemand gesehen hätte, hätten wir ihm mit dem Bild, das wir boten, mit diesem Urbild, diesem Archetypus der Mannwerdung, Geschichten erzählt, die Geschichten von Vätern und Söhnen von der Steinzeit bis heute, von Vätern und Söhnen, die scheinbar angeln, aber in Wahrheit einen geweihten Ritus vollziehen. Stell dir vor, deine Mutter und deine Schwester wären dabei gewesen. Glaubst du, dass sie es geschafft hätten, wenigstens dreißig Minuten lang einfach dazusitzen und nichts zu sagen?»

«Nein», sagte Max.

«Eben», sagte ich.

Dann schwiegen wir.

Das große Wiwiwi

Früher habe ich Putzen gehasst, auch Waschen, Bügeln, Spülen, das ganze Hausfrauenprogramm halt. Wozu habe ich studiert mit großer Müh, wenn ich jetzt meinen Tag mit schmutzigem Geschirr, schmutziger Wäsche und ungebügelten Hemden verbringe?

Eine Antwort fand ich nie. Aber irgendwann hatte ich mich daran gewöhnt. Man gewöhnt sich tatsächlich an alles, und dann passierte es, ich merkte es zunächst gar nicht.

Erst später wurde es mir bewusst: Man kann, statt sich aus Ärger über diesen langweiligen Hausfrauenkram das eigene Leben zu vermiesen, diesen Kram auch ganz anders hinter sich bringen, meditativ, kontemplativ, den ganzen Dreck wie nebenbei wegmachen und sich dabei aus diesem Dreck und dieser Welt hinausdenken, hinausmeditieren, die Gedanken fliegen lassen.

Und dann auf einmal, während ich so am Spülstein stehe und versuche, die eingebrannten Rückstände vom Kochtopfboden wegzukriegen, kommen mir die tollsten Ideen, schreibe ich in null Komma nichts im Geiste die brillantesten Zeitungsartikel, ganze Bücher, mehrere Lebenswerke.

Als ich das zum ersten Mal merkte, ließ ich alles stehen und liegen und hechtete an meinen Schreibtisch, um sofort alles aufzuschreiben, was mir so eben durch den Kopf gegangen war. Aber kaum, dass ich saß, war alles weg. Nichts, kein Gedanke mehr, kein Einfall, schwarze Nacht. Hatte ich eben noch ganze Bücher in Gedanken ausformuliert, müssen mir diese Bücher auf dem Weg zum Schreibtisch komplett abhanden gekommen sein. Traurig kehrte ich an den Spülstein zurück.

Beim zweiten Mal ereilten mich die Gedankenergüsse beim Spaziergang mit dem Hund. Ich muss mir alles merken, dachte ich panisch, alles merken, bis ich wieder am Schreibtisch sitze, merken, merken, merken. Dann saß ich am Schreibtisch und hatte mir nichts gemerkt.

Katja schenkte mir ein Diktaphon. Als ich wieder meine kontemplative Phase hatte, merkte ich nicht, dass ich sie habe, dachte daher auch nicht daran, in mein Diktaphon zu sprechen, kehrte heim und wusste nichts mehr. Beim nächsten Mal dachte ich unentwegt daran, dass ich mein Diktaphon einschalten muss, wenn die kontemplative Phase kommt. Aber weil ich nichts anderes mehr denken konnte, kam sie nicht.

Dann aber kam der Tag, an dem ich spürte, wie ich in die Kontemplation hineinglitt. Sofort zückte ich das Gerät, fing an zu sprechen, und es war alles Unsinn, was ich sprach. Irgendwie muss man beim Sprechen eine andere Gehirnregion aktivieren als beim meditativen Denken, und wenn man die eine Region einschaltet, schaltet sich die andere aus, jedenfalls bei mir ist das so. In der Kontemplation denke ich zehn Gedanken gleichzeitig. Beim Sprechen kann ich sie nur hintereinander formulieren.

Während ich den ersten Gedanken formuliere, vergesse ich die anderen neun.

Mit der Zeit lernte ich, mich am Schreibtisch in eine kontemplative Phase hineinzumeditieren, und dann produziert mein Hirn tatsächlich die Gedanken schneller, als ich schreiben kann. So mühsam, wie die Finger meiner Ideensintflut folgen, so mühelos verschmelze ich den Urknall, die Quantenmechanik und die Theodizee zur Großen Einheitlichen Feldtheorie, und innerhalb von Minuten entsteht Seite um Seite, und ich fühle mich glücklich und matt und zufrieden.

Wenn nur Katja nicht wäre. Katja hat ein großes Talent, ausgerechnet in solchen Phasen in mein Reich der Ideen und Gedanken zu platzen und das noch junge und zarte Gespinst des Geistes jäh zu zerfetzen.

Dann steht sie plötzlich mitten im Raum und spricht so merkwürdige Sätze wie «Hier ist aber ein Mief, kannst du nicht mal lüften» oder «Kannst du bei dieser Unordnung auf deinem Schreibtisch eigentlich ordentlich denken» oder «Weißt du, dass es schon 23.50 Uhr ist» oder «Willst du nicht mal eine Pause machen» oder «Geh doch mal an die frische Luft, das täte dir jetzt sicher gut».

Solche Sätze sagt sie, auf die ich, während ich ohne aufzublicken einfach weiterschreibe, geistesabwesend und automatisch mit knappen Formeln antworte, wie etwa «Du hast Recht, kipp doch bitte mal das Fenster» oder «Du weißt doch, das nennt man schöpferisches Chaos» oder «So spät schon, gut, ich mach gleich Schluss» oder «Ich brauch jetzt keine Pause» oder «Ich war erst vor einer Viertelstunde mit dem Hund an der frischen Luft».

Eben noch verknotete ich widerspruchsfrei Stephen

Hawkings Zeitbegriff mit dem Begriff des Chronos und des Kairos und hielt alles schwebend in meiner etwas abgestandenen Büroluft, nun hoffe ich nur noch, dass Katja merkt, dass sie jetzt stört, und mich in meinem Mief alleine lässt.

Aber das Gegenteil passiert, sie fühlt sich von mir nicht angemessen gewürdigt, nicht richtig beachtet, darum erwidert sie: «Danke, dass ich dir das Fenster kippen darf», «Chaos ist niemals schöpferisch», «Eine Viertelstunde ist viel zu kurz.» Worauf meine Sprechautomatik andere Formeln aus der Kiste holt, zu denen ihr weitere mich zu einer Reaktion nötigende Sätze einfallen, wobei die Schärfe des Tons auf beiden Seiten unmerklich zunimmt und sich eine schreckliche Doppelhelix in meine abgestandene Büroluft windet.

Auf der einen Spirale stürzt meine Kreativität auf den absoluten Tiefpunkt zu, auf der anderen schraubt sich meine Aggressivität steil dem Höchstwert zu. Zwischen beiden Enden dieser Helix baut sich eine knisternde Spannung auf, während sich mein Formelvorrat erschöpft und ich plötzlich vor einer Frau sitze, die, wie mir scheint, grundlos geladen ist und sich wundert, dass ich geladen bin.

Warum macht sie so etwas?, fragte ich mich mehr als einmal. Weiß sie, was sie tut? Nein, sie kann es nicht wissen, sonst täte sie es nicht.

Einmal, als es durch die gefährliche Spannung zum Übersprung kam, explodierte ich, schrie fürchterlich herum, tobte, erhob mich sogar von meinem Platz und lief wie ein Raubtier im Käfig hin und her.

An den Inhalt meines Gebrülls kann ich mich nicht

mehr erinnern, nur, dass ich irgendwann Thomas Mann ins Feld führte, dessen Ehefrau Katja lebenslang eine undurchdringliche Zone der Ruhe um ihn herum geschaffen hatte und diese Zone sogar gegen ihre eigenen Kinder verteidigte wie eine Löwin.

Worauf die andere Katja, also meine, erwiderte, wenn ich ein Thomas Mann wäre, würde sie auch ... aber ich sei halt leider keiner, worauf ich konterte, ich könne ja auch nie einer werden mit so einer Katja, die wegen jeder Lappalie tausendmal am Tag in mein Büro gestürmt kommt und dadurch jeden Ansatz von Genie schon im Keim erstickt. Woraufhin sich eine hässliche und ermüdende Diskussion darüber entspann, was Lappalien sind, was ich mir überhaupt einbilde, wer sich für wen aufopfert, wer zu wenig oder zu viel fürsorglich ist, was sie alles nebenher für mich erledigt, was sie alles macht, während ich mich in meinem stillen Kämmerlein als Genie verwirkliche, dabei aber weniger verdiene als sie und so weiter und so weiter. Danach haben wir nicht mehr miteinander gesprochen.

Ich war verzweifelt, aber ich ließ es mir nicht anmerken. Sie war verzweifelt, aber ließ es sich nicht anmerken. Eine ganze Woche lang haben wir verzweifelt aneinander vorbeigeschwiegen.

Dann kam uns Cloppenrath zu Hilfe.

Cloppenrath ist ein intrigantes Schwein, ein Macho vom alten Schlag und Katjas härtester Konkurrent im Kampf um den demnächst neu zu besetzenden Posten eines Hauptabteilungsleiters. Er ist also so etwas wie Katjas habitueller, ontologischer und natürlicher Feind in einer einzigen Person.

Mein Feind ist er obendrein, nicht nur, weil er Katjas Feind ist, sondern auch, weil er zur anderen Sorte gehört. Es gibt nämlich innerhalb des männlichen Geschlechts noch einmal zwei verschiedene Geschlechter, Cloppenrath gehört zum anderen, und beide Sorten hassen einander.

Um das zu erklären, muss ich den Umweg über die Frage nehmen: Wozu gibt es eigentlich Krokodile? Ich weiß es nicht, aber vielleicht besteht ihr einziger Daseinszweck darin, uns über den Zusammenhang von Fortschritt und Beharren, Einfachheit und Komplexität zu belehren: Vor vielen Millionen Jahren hat das Krokodil einfach aufgehört, sich weiterzuentwickeln, und verharrt seitdem hartnäckig und eigensinnig auf jener primitiven Entwicklungsstufe, die einem Reptil eigen ist.

Krokodil sein genügt mir, ich will nicht mehr sein oder scheinen als ein ganz normales, bescheidenes Krokodil, sagt sich das selbstzufrieden-primitive Krokodil. Mögen andere einem gefährlich ungesunden, von Konkurrenz und Neid geprägten Leistungsfetischismus frönen, ich klinke mich da aus, mich geht das alles nichts an, denkt das Krokodil, als ob es die Luther'sche Rechtfertigungslehre draufhätte.

Diese provokante Akzeptanz der eigenen Insuffizienz stellt uns vor ein Rätsel der Evolutionslehre, die doch besagt, nur dasjenige Lebewesen, das immer auf dem Quivive ist, sich immer rechtzeitig an wechselnde Situationen anpasst, wird überleben.

Das Krokodil scheint von dieser Lehre nichts zu wissen. Es blieb einfach über die Jahrmillionen so, wie es immer schon war, und hat mit diesem Beharrungsvermögen

Eiszeiten und Tropenzeiten überstanden, Vulkanausbrüche und Erdbeben, Hungersnöte und Tierseuchen, Wasserknappheit und Wasservergiftung, während weit höher entwickelte Wesen starben wie die Fliegen. Primitive Großereignisse wie Eiszeiten, Erdbeben oder vulkanische Dauereruptionen können primitive Strukturen offenbar nicht zerstören, und darum kann es auch eine lohnende Strategie sein, primitiv zu bleiben.

Was daraus folgt? Da muss ich Sie jetzt leider ins Männerpissoir mitnehmen, aber keine Angst, ich werde den Aufenthalt so kurz wie nötig halten und so interessant wie möglich zu gestalten versuchen.

Ich begebe mich also an diesen Un-Ort: Alle Urinale sind besetzt bis auf eines. Ich stelle mich zwangsläufig vor das einzig freie und bemühe mich erst gar nicht, meinem kurz zuvor noch heftig gefühlten Drang freien Lauf zu lassen, denn dieser Drang ist jetzt weg. Es geht nicht, wenn da einer neben mir steht, und das ist ja eigentlich auch völlig normal, denn es ist eine absurde Situation.

Eine der intimsten Verrichtungen soll man in aller Öffentlichkeit beginnen und zu einem Ende bringen. Jeder einigermaßen differenzierte, empfindsame und kultivierte Mensch wird sich dazu außerstande sehen, weshalb er so lange wartet, bis der Nebenmann endlich fertig ist und verschwindet.

Jetzt könnte es losgehen. Doch schon kommt der Nächste, und, es ist unglaublich, kaum hat er sein Ding ausgepackt, spritzelt und spratzelt es nebenan in einer Lautstärke, als ob ein Sturzbach sich durch den Raum ergösse. Jetzt kann ich erst recht nicht mehr.

Beim Mann neben mir haben wir es mit einem Exemplar der anderen Sorte zu tun, Cloppenraths Sorte, die Sorte mit der Kroko-Struktur, das andere Geschlecht innerhalb meines eigenen. Als ich bei einem Betriebsfest zufällig mal neben Cloppenrath zu stehen kam, erkannte ich es: Es gibt nur diese beiden Sorten, den hemmungslosen Spratzler und das stille Wasser, und auf dem Pissoir erkennt man sie schon an der Körperhaltung.

Die Kroko-Struktur, also der in einer Menschengestalt steckende Pascha der Affenhorde, genießt den Geruch und die dampfige Gemütlichkeit des Männerpissoirs, das ihm genussvolle Entleerung ermöglicht. Er steht breitbeinig da, kerzengerade in einer leichten Schräge von der Wand abgeneigt, sein Ding einhändig bedienend, den kleinen Finger abgespreizt, die andere Hand in der Hosentasche, gern aber auch eine Zigarette haltend, den Kopf halb nach oben gerichtet, also demonstrativ uninteressiert an der Sauerei, die er mit seinem ziellosen Gespritze unten anrichtet.

So stand Cloppenrath neben mir, dabei lärmend, als ob er allein und der Herr aller Urinale wäre. Zuletzt, als er fertig war, schnippte er noch die brennende Kippe ins Wasser, um genießerisch sein Lärmen mit dem Zischgeräusch der erlöschenden Glut ausklingen zu lassen.

Ich hasste ihn vom ersten Moment an.

Dagegen ich, der bis zum Bersten gefüllte, still ruhende Stausee, krumm, vornübergeneigt, beide Hände gebrauchend, um den Strahl so zu führen, dass möglichst kein Geräusch entsteht, stehe ich da und frage mich: Wäre es nicht besser, sich ebenfalls so hemmungslos zu erleichtern?

Man findet sie oft in Führungspositionen, diese Reptilienmachos, besonders in der Politik, in der Baubranche, im Journalismus und in der Autoindustrie. Draußen, außerhalb der Urinale, erkennt man sie schon von weitem an ihrer Gebärdensprache, die aller Welt, auch bei den unpassendsten Gelegenheiten, unmissverständlich signalisiert: Achtung, hier kommt ein Wichtling.

Bestimmt verdanken sie einen Gutteil ihres Erfolgs der eigenen Hemmungslosigkeit, ihrer durch nichts kaputtzukriegenden Primitivstruktur, die in der einschlägigen Managementliteratur als Führungsmerkmal gelobt und mit dem Euphemismus «hohe Belastbarkeit» bezeichnet wird. Es ist die Belastbarkeit des Krokodils, das jede Katastrophe übersteht, weil nicht viel da ist, was kaputtgehen könnte, aber das Wenige, das da ist, offenbar reicht, um in die höchsten Ämter zu gelangen.

Nun ist es keineswegs so, dass ich meine hoch entwickelten Gehemmtheiten und Sensibilitäten genösse oder kultivierte. Im Gegenteil. Auch ich fühle den alten Affen in mir lebhaft sich regen, zugleich aber fühle ich, wie einst Luther, die Pflicht, diesen von Luther so genannten Alten Adam jeden Morgen aufs Neue zu ersäufen. Cloppenrath fühlt nichts dergleichen. Cloppenrath ist mit seinem alten Affen völlig eins, lässt sich von ihm spazieren führen und genießt sich noch dabei.

Immer wenn ich mir bewusst mache, wie sich Cloppenrath nicht nur vor dem Urinal, sondern total, in seiner ganzen Art zu sein, Dinge herausnimmt, die ich mir mühevoll, ja, oft qualvoll versage, steigere ich mich in einen abgrundtiefen Hass hinein. So tief, dass der dünne Lack der Zivilisation von mir abblättert, der soeben ersäufte

Affe gleich wieder ersteht und Cloppenrath auf der Stelle niederkeulen möchte.

Die Chance dazu bekam ich nach jener langen Woche des feindlichen Schweigens zwischen Katja und mir. Katja kam nach Hause, schien alles vergessen zu haben, warf sich mir an die Brust, weinte bitterlich, und ich fühlte mich glücklich. Sie hat das Schweigen gebrochen. Und sie braucht jetzt meine Hilfe. Alles wird wieder gut.

Ich verstand zunächst nicht gleich, warum, aber kapierte immerhin so viel, dass Cloppenrath mal wieder gegen Katja intrigiert hatte. Irgendeine wichtige Information, die er an Katja hätte weitergeben müssen, hat er zwar weitergegeben, aber so, dass Katja sie zu spät bekam, bewusst die Tatsache ausnützend, dass Katja montags immer erst um neun ins Büro kommt, gleich in die Morgenkonferenz geht, ohne ihre E-Mails zu lesen, weil montags früh sowieso noch nichts Wichtiges im Postfach ist.

Diesmal aber hatte ihr Cloppenrath samstags jene Information gemailt, die sie in der Morgenkonferenz gebraucht hätte, um nicht in das offene Messer zu rennen, das Cloppenrath aufgeklappt hatte. So rannte sie hinein und blamierte sich vor ihrem Chef und den Kollegen. Es war nicht das erste Mal, dass er so etwas machte.

«Ich bring ihn um», murmelte ich, «ich bring ihn um, ich stech ihm Löcher in die Reifen, ich schütte einen Eimer Jauche über ihn aus und schlage ihm die Zähne aus.»

«Ach, lass nur», schluchzte Katja, «damit tust du ihm zu viel der Ehre an. Aber ich glaube, ich werde kündigen. Ich kann ihn nicht mehr sehen. Er verleidet mir die Freude an meiner Arbeit.»

Ich ging an unsere Flaschen und mixte Katja, wie in

alten amerikanischen Filmen, einen Drink. Sie macht sich nichts aus meinen Drinks, aber die Geste gefällt ihr. Es erinnert sie an ihre Studienzeit in Amerika, wo ihr in ihrer Gastfamilie der Hausherr abends immer einen Drink machte, genau so, wie sie es zu Hause im Kino und Fernsehen gesehen hatte. Nach längeren Stresswochen oder größeren Ehekrächen mache ich ihr darum immer einen Drink.

Diesmal trank sie ihn auf einen Zug. «Gib mir noch einen», sagte sie. Ich gab ihr noch einen. Sie stürzte ihn hinunter. «Noch einen», sagte sie. Wir tranken den dritten.

«O Gott», sagte sie, «ich muss ja noch die Präsentation für morgen früh vorbereiten, und jetzt habe ich so viel getrunken. Ich muss sofort anfangen, damit ich den größten Teil der Arbeit geschafft habe, bevor der Alkohol seine Wirkung entfaltet.» Sie wankte zum Schreibtisch, schaltete den Computer ein, kramte in ihrer Handtasche und sagte schon wieder «o Gott». Sie habe die Unterlagen im Büro liegen lassen, müsse noch einmal ins Büro zurück.

«Du kannst jetzt nicht fahren», sagte ich, «du hast drei hochprozentige Drinks intus. Ich werde dich fahren.»

«Du hast auch drei Drinks intus», sagte sie.

«Ja», antwortete ich, «aber bei meinem massigen Leib dauert es etwas länger, bis der Alkohol wirkt, und wenn er wirkt, wirkt er schwächer als bei dir.»

«Das ist einer der seltenen Fälle, in denen ich froh bin, mit einem Moppel verheiratet zu sein», sagte sie.

Wir fuhren in ihr Büro. Im Büro neben ihr brannte noch Licht. Cloppenraths Büro. Durch die offene Tür sah ich ihn vor dem Computer sitzen, auf dem Tisch eine angebrochene Flasche Rotwein.

Typisch, dachte ich, morgens als Erster da, abends als Letzter immer noch da. Dieser Mensch hat alle Zeit der Welt, um sich ausschließlich um seinen Job zu kümmern und um sonst gar nichts, denn zu Hause hat er eine Hausfrau und Mutter, die ihm das Frühstück macht, die Socken wäscht, die Unterhosen in den Schrank legt, die Hemden bügelt, die Kinder erzieht, mit den Handwerkern verhandelt, die Rechnungen bezahlt, ihm alles, alles abnimmt, was ihn von seiner Arbeit und seinen intriganten Kungeleien ablenken könnte.

Wenn dieser Kerl sich so um seine Kinder kümmern würde, wie Katja sich um unsere Kinder kümmert, wenn er sich die tausend kleinen Beschäftigungen und Ablenkungen, die unseren Alltag ausfüllen, so mit seiner Frau teilen würde, wie Katja sie mit mir teilt, dann hätte es dieser Schwachkopf nicht einmal bis zum Nachtwächter gebracht. Aber er hat sich sein Personal erheiratet, behängt es einmal im Jahr mit einem Nerz und einem Brilli und hat dafür das ganze Jahr über Zeit, meiner Katja das Leben schwer zu machen.

Ich fühlte den dünnen Firnis der Zivilisation von mir abblättern, betrat sein Büro und sagte: «Sieh da, der Herr Cloppenrath, ist er mal wieder mit seiner Arbeit nicht fertig geworden? Schafft er es nicht, sich so zu organisieren, dass er seinen Job während der normalen Arbeitszeit geregelt kriegt, und so ein ineffizienter Kerl will Hauptabteilungsleiter werden?»

«Was erlauben Sie sich, was soll das, was wollen Sie hier, verlassen Sie sofort mein Büro», dröhnte Cloppenrath mit hellrotem Schwellkopf, der sich dunkelrot färbte, als ich die angebrochene Flasche Rotwein über ihn ausgoss.

Er wollte von seinem Stuhl aufstehen, aber ich drückte ihn hinein, Hektoliter von Adrenalin schossen durch meine Adern, verliehen mir Bärenkräfte, mit denen ich Cloppenrath auf seinem Stuhl quer durch sein Büro krachend an die Wand schob, dass das Holz splitterte. Er schrie um Hilfe, wollte aufstehen, ich drückte ihn nieder und verpasste ihm einen Kinnhaken, überlegte kurz, ob ich ihm noch die beim Einzelkämpferlehrgang der Bundeswehr erlernte Schläfenkeule verpassen sollte, aber fürchtete, ihn damit umzubringen, und an seinem Zustand bemerkte ich, es reicht schon. «Arschloch», sagte ich im Hinausgehen und hörte ihn etwas sagen von «bereuen, Nachspiel haben, Körperverletzung, Hausfriedensbruch, Schmerzensgeld».

Unterm Türrahmen stand, leichenblass, Katja und sagte nur: «Du spinnst, du bist vollkommen übergeschnappt, noch heute Abend, spätestens morgen verhaftet dich die Polizei, und ich werde gefeuert.»

«Auch egal», sagte ich, «hatte schon lange nicht mehr so einen Spaß gehabt, und diesen Spaß lass ich mir was kosten.»

«Teurer Spaß», sagte Katja während der Heimfahrt, «zu teuer, wenn ich meinen Job verliere und du in den Knast musst.» Dann begann sie zu lachen. Sie lachte sich halb tot. Es war ein leicht irres Lachen, hatte einen mir fremden hysterischen Unterton. Offenbar fing jetzt der Whisky an, seine Wirkung zu entfalten.

«Lass uns auf Cloppenrath trinken», sagte ich, zu Hause angekommen, «er hat unsere Ehe gerettet. Jedes Paar braucht einen gemeinsamen Feind. Ernennen wir Cloppenrath zu unserem Aggressionsableiter.»

Später las ich bei Konrad Lorenz noch einmal nach, wie die Liebe aus Aggression entsteht, wie die Liebe gerade dadurch ihre Chance bekommt, dass Individuen ihre angeborene Aggression gegen den Artgenossen auf echte, vermeintliche oder eingebildete Feinde umlenken, beispielsweise auf Männer von der gegnerischen Sorte, und sich danach umso friedlicher dem Artgenossen zuwenden, je aggressiver sie sich zuvor ausgetobt haben. Durch Ritualisierung dieser Aggressionsableitung nach außen entsteht Frieden im Innern, die Bindung an den Artgenossen.

Bei dieser Gelegenheit las ich dann auch wieder das Kapitel über das «Wiwiwi» der Graugänse. Wenn Graugänse unter sich sind, dann wispern die Kinder ihr fragendes «Wiwiwi», und die Eltern antworten mit einem beruhigenden «Ganggangang». Dieses «Wiwiwi», sagt Konrad Lorenz, heißt so viel wie «Ich bin hier, und wo bist du?» oder «Ich bin dir gut, du mir auch?», und das «Ganggangang» heißt so viel wie «Ja, ja ja, ich bin auch da, und ich bin dir auch gut, alles in Ordnung, alles bestens».

Circa 80 Prozent der Graugans-Kommunikation besteht aus diesem beruhigenden Wiwiwi und Ganggangang. Auch erwachsene Graugänsinnen bedienen sich gerne dieses kindlichen «Wiwiwi», um von ihren Gantern das friedlich-liebevolle «Ganggangang» zu hören.

Und da, als ich das durch einen Zufall wieder las, wusste ich, dass ich Katja die ganze Zeit über bitter Unrecht getan hatte, wurde mir schlagartig klar, warum Katja immer in mein Büro kommen und sinnlose Sätze sagen muss, wie «Hier ist aber ein Mief, kannst du nicht mal lüften», oder «Weißt du, dass es schon 23.50 Uhr ist». Tränenblind erkannte ich, dass diese Sätze einfach nichts weiter bedeuten als «wiwiwi» und Katja von mir eigentlich nichts weiter erwartet als die Antwort «ganggang-gang».

Mit dem Buch von Lorenz in der Hand stürzte ich in Katjas Zimmer, nahm sie in die Arme, benetzte sie mit meinen Tränen und heißen Küssen, sie wusste gar nicht, wie ihr geschah, «sag jetzt nichts», sagte ich zu ihr, «hör mir einfach nur zu», und ich las ihr die uns betreffenden Graugans-Passagen aus Konrad Lorenz vor. Sie begriff sofort, und wir küssten und umarmten uns weiter und noch oft an diesem Abend.

Am nächsten Tag, als sie wieder in mein Büro kam, sagte sie mit hoher wispernder Stimme: «Wiwiwi?»

Und ich antwortete mit tiefem Geschnatter: «Gang-ganggang.»

Einige Zeit später, nach ein paar Stress-Wochen, hatte sie es allerdings schon wieder vergessen, sprach wieder ihre sinnlosen Sätze vom «Pause machen». Aber da sagte ich nur: «Gangganggang.»

Sie strahlte, sagte «Wiwiwi» und verließ auf Zehenspitzen mein Büro.

Ach ja, eines muss ich noch nachtragen: Katja wurde nicht gefeuert. Bei der Gerichtsverhandlung, bei der ich wegen Hausfriedensbruch und Körperverletzung zu einer Geldstrafe von 3000 Euro verurteilt wurde und zu einer Zahlung von Schmerzensgeld in Höhe von 4000

Euro sowie zu 2000 Euro für die Reparatur des Cloppenrath-Büros, war alles zur Sprache gekommen, besonders das über Jahre währende fiese Verhalten von Cloppenrath.

Bei dieser Verhandlung saß auch Katjas Chef im Publikum. Dieser kam hinterher auf uns zu und fragte Katja, warum sie ihm davon nie etwas gesagt habe, er wäre sehr offen dafür gewesen, denn er könne Cloppenrath auch nicht ausstehen. Dann sagte er noch, dass Katja zum Monatsersten Hauptabteilungsleiterin würde.

Cloppenrath hat daraufhin gekündigt.

Neben Katjas Chef hatte ich auch schon einmal gestanden. Er fiel mir gleich positiv auf durch seine gekrümmte Haltung. Sehr gehemmt. Beidhändig zugange. Angenehm leise. Zielführend.

Die Strahlefrau und ihr Schattenmann

Es wird Zeit, dass ich meinen Leserinnen erkläre, wie es sich eigentlich mit Katja und mir verhält. Einige wissen es vielleicht schon, denn ich habe die Geschichte schon häufiger erzählt. Ich muss sie an dieser Stelle jetzt erzählen, weil es ja darum geht, zu erklären, wie sich das Private mit dem Weltgeschichtlichen verschränkt.

Ich widme diese Geschichte den sich aufopfernden Müttern und den egoistischen Powerfrauen, die sich seit einiger Zeit bekriegen, wobei die Opfermütter gerne auf nicht ganz astreine Weise von ihren Gatten unterstützt werden, aber nicht, wie es ehrlich wäre, mit dem schlichten Argument, dass sie selbst als Männer am meisten vom Opfer ihrer Frauen profitieren, sondern mit dem schwergewichtigen, staatstragenden Argument, dass die egoistischen Powerfrauen an der Misere des Standorts Deutschland schuld sind.

Weil sie sich auf Teufel komm raus selbst verwirklichen und unbedingt einen Beruf ausüben möchten, statt, wie es ihres Amtes wäre, Kinder in die Welt zu setzen und großzuziehen, nehmen sie den Männern die Arbeit weg. Und produzieren so die gegenwärtige Arbeitslosigkeit, behaupten die Opfermütter und noch lautstärker deren Gatten, denen es schon lange auf die Nerven geht, sich im Kampf um die nächste Beförderung auch gegen weibliche Konkurrenten durchsetzen zu müssen.

Und weil diese ewig nervenden Emanzen keine Kinder mehr kriegen, produzieren sie die künftige Arbeitslosigkeit, gefährden die Renten und überhaupt die ganze Zukunft unseres Standorts.

Diejenigen Frauen, die zwar Kinder kriegen, aber im Beruf bleiben möchten und darum nach staatlicher Kinderbetreuung und Ganztagsschulen rufen, sind auch keine Lösung, denn das kostet alles ungeheuer viel Geld, und außerdem führen Ganztagsschulen nur dazu, dass der Staat den Eltern die Kinder wegnimmt und so die Hoheit über die Kinderbetten an sich reißt.

Etliche Standortkommandanten versuchen daher, diesem ganzen Emanzenspuk ein Ende zu bereiten und sämtliche Egoistinnen mit der Keule des demographischen Faktors wieder in die Küche und die Kinderproduktion abzukommandieren.

Wertvolle Dienste für dieses Projekt leisten die zu Hause waltenden Mütter, die sich geschickt als Opfer der sich selbst verwirklichenden Egoistinnen präsentieren und behaupten, von diesen wechselweise als beautyfarmbevölkernde, Tennis und Golf spielende Luxusweibchen niedergemacht zu werden oder als unbedarfte, etwas rückständige, geistig zurückgebliebene, unselbständige Hausmuttchen in der Kittelschürze, die ab ungefähr dem 40. Lebensjahr täglich damit rechnen müssen, von jenem Gatten, dem man sich geopfert hat, entsorgt und durch ein jüngeres Modell ersetzt zu werden.

Ja doch, es ist ein richtiger Kulturkampf, der da tobt, und ich bin, ohne dass ich es wollte, mitten hineingeraten, genau zwischen die Fronten. Daher kann ich beide sehr gut verstehen, möchte ihnen aber gerade deshalb energisch zurufen: Nun macht mal halblang. Kommt mal wieder herunter. Lockert euch mal durch, und bitte, ihr verrennt euch da in etwas, aus dem ihr später nicht mehr herauskommt.

Wie das im Kampfgetümmel so ist, man stößt auf taube Ohren und kriegt von beiden Parteien eins übergebraten. So opfere auch ich mich auf. Ich habe mein Leben dem Frieden zwischen den Geschlechtern geweiht, und das ist, wie Sie gleich erfahren werden, wahrlich kein Zuckerschlecken.

Es begann bereits beim Balzritual der Brautwerbung. Ich hatte mich damals gerade intensiv mit den Verbrechen des Patriarchats auseinander gesetzt, war daher in entsprechender Büßerlaune und trug meiner Angebeteten an, stellvertretend für mein Geschlecht Sühne zu leisten.

Als konkrete Maßnahme schlug ich ihr vor, ihr bei der Heirat ihren Namen zu lassen und selbst einen Doppelnamen anzunehmen. Das gefiel meiner Angebeteten wohl. Katja – wie Sie inzwischen erfahren haben, zur Sorte «egoistische Powerfrau» gehörend –, Katja bestand zwar noch darauf, dass ich auch all die anderen zu einem ordentlichen Balzritual gehörenden Teile gewissenhaft ausführte und mich an die vorgeschriebene Reihenfolge hielt, aber im Grunde hatte ich sie mit meiner Schuldeinsichtsfähigkeit und Bußfertigkeit schon im Sack.*

* Man kann dies übrigens alles nachlesen in dem sehr lesenswerten Rowohlt-Bändchen «Zum Glück gibt's Anzeigen», das ich unter dem

Einen weiteren Meilenstein auf dem Weg des Friedens zwischen den Geschlechtern setzte ich dann, als sich uns die Frage «Kind oder Karriere» stellte und ich Katja großzügig den Vortritt ließ. Seitdem macht Katja eine kometenhafte Karriere, mit Folgen, die ich bei meinem aus heutiger Sicht etwas voreiligen Rücktritt wohl nicht ganz überblickt hatte.

Sie ist ja inzwischen als Vize-Chefin der weltweit größten Unternehmensberatung und Präsidentin des Bundesverbands der Deutschen Industriestandortkommandanten eine öffentliche Person, gern gesehener Gast bei Sabine Christiansen, Maybrit Illner und den eher bunteren Talkshows, und so konnte es nicht ausbleiben, dass sie in die eine oder andere Talkshow als Mitbringsel mich mitschleppen und der neugierigen Öffentlichkeit den Mann an ihrer Seite präsentieren musste.

Nun sind Talkshow-Moderatoren auch nur Menschen, weshalb auch der beste Moderator seine Grenzen hat. An diese Grenzen geraten die Moderatoren bevorzugt im Angesicht meiner Person, was man daran erkennt, dass ihnen eigentlich nur eine einzige Frage zu mir einfällt, und die lautet: «Wie kommen Sie damit zurecht, Harry, im Schatten Ihrer erfolgreichen, prominenten Frau zu stehen?»

Pseudonym Christian Nürnberger veröffentlicht habe. Dort steht auch, wie ich mir Katja über eine Heiratsanzeige geangelt habe, worauf es bei Heiratsanzeigen ankommt und was man als Brautwerber alles bedenken sollte. Ein sehr nützliches Buch, gar nicht teuer, sollte man im Zehnerpack kaufen und als anregende Lektüre den Singles in seinem Bekanntenkreis zum Geburtstag schenken. Nebenher tut der Käufer noch ein gutes Werk, denn der Erlös des Büchleins dient der Finanzierung des Studiums meiner Kinder.

Die Frage kann der Schattenmann natürlich gut verstehen, denn für einen TV-Moderator, der sein Lebensziel – die regelmäßige Präsenz auf dem Bildschirm – glücklich erreicht hat, muss es eine Horrorvorstellung sein, seinen Ehepartner statt sich selbst in der Glotze sehen zu müssen.

Ich als gelernter ModeratorInnenversteher habe mir auf diese Standardfrage die Standardantwort ausgedacht: Wieso Schatten? So, wie die Sonne den Mond anstrahlt und dieser mit seinem Abglanz die Welt und die auf ihr wandelnden Liebespaare erleuchtet, so strahlt meine Frau mich an, und so erleuchte ich mit meinem Abglanz die Welt und die in ihr talkenden Fernsehmoderatoren.

Diese Lüge hat sich bewährt.

Eine andere erfolgreiche Lüge, die ich über diverse Talkshows, Interviews und Publikationen weiträumig gestreut habe, lautet, dass ich Katja aus lauter Liebe zu ihr, aus einem leidenschaftlichen Gefühl für Gerechtigkeit heraus und im Bewusstsein der Schuld, die sich mein Geschlecht durch die jahrtausendelange Schreckensherrschaft des Patriarchats aufgeladen hat, ermöglicht habe, sich in ihrem Beruf zu verwirklichen, während ich mich als Hausmann, Vater und dilettierender Schriftsteller aufzuopfern bereit erklärte.

Weil aber allmählich die Gefahr wächst, dass mir diese Schrift etwas zu hagiographisch gerät, aber vor allem, weil meine Leserinnen es nicht verdient haben, mit platten, nur für die Talkshows zurechtmodellierten Sprüchen abgespeist zu werden, will ich jetzt an dieser Stelle erzählen, wie es wirklich war.

Ich war Textchef in einem Wirtschafts- und Technologiemagazin und war es gerne, bis ich zwei neue, etwas jüngere, ständig mit den Hufen scharrende Chefredakteure vor die Nase gesetzt bekam. Wie das bei solchen Leuten so ist, konnten sie keinen Text passieren lassen, ohne ihre eigene Duftmarke drüberzusetzen, und so blitzte eines Tages die Erkenntnis in mir auf: Du kannst auf der Karriereleiter so hoch steigen, wie du willst, du wirst immer einen über dir haben, der dümmer ist als du, aber meint, dir vorschreiben zu müssen, was du zu tun hast.

Die Erkenntnis stürzte mich in eine tiefe Krise, aber Krisen sind ja dazu da, sie zu meistern und geläutert und gestärkt aus ihnen hervorzugehen. Bei mir mündete die Krise in die fruchtbringende Frage: Ist es nicht viel sinnvoller, ein Kind in die Welt zu setzen, als für den Rest des Lebens in überflüssigen Magazinen überflüssige Texte zu redigieren und sich dabei mit eingebildeten Vorgesetzten herumzustreiten, die keine Ahnung haben?

Zum ersten Mal nistete sich eine bis dahin nicht gekannte Vorstellung in meinem Kopf ein: aussteigen. Vater werden.

Die Vater Morgana verdichtete sich, als meine Chefs eine Überschrift von mir durch ihre eigene ersetzten, die da lautete: «Wie das Ozonloch seine Wunden leckt».

Da sprach ich zu meiner Frau: «Wann, wenn nicht jetzt?»

Sie stellte die Frage aller Fragen: «Wer soll sich kümmern?»

Und ich sprach: «Wer, wenn nicht ich?»

Ein Jahr später hielt ich glücklich meine Mini-Tochter auf dem Arm und plante die Zukunft und sechs weitere Töchter.

Kleine Kinder schlafen viel, und während sie schlafen, kann ein Mann wie ich viele Bücher schreiben, dachte ich. Denn ich wollte zu Hause bleiben und nicht den Stress der doppelt belasteten Frauen auf mich nehmen, auch nicht die permanenten Gewissensbisse jener immer zahlreicher werdenden Männer, die ihre Energie 50:50 auf ihren Job und die Familie zu verteilen versuchen, woraus fast immer ein 100:100-Verhältnis erwächst.

Den ganzen Tag feilen sie an ihren Excel-Tabellen und Powerpoint-Präsentationen, dann hetzen sie mit schlechtem Gewissen etwas früher als die kinderlosen oder hausfraubeweibten Kollegen nach Hause, lassen sich schlechten Gewissens von ihrer angesäuerten, nervlich zerrütteten und auf eigene berufliche Ambitionen verzichtenden Ehefrau das Baby in die Hand drücken, spulen das übliche Abendprogramm ab und sinken ermattet ins Bett. Am nächsten Tag das gleiche Theater von vorn.

Das wollte ich mir ersparen. Ich kündigte meine gut bezahlte Festanstellung und gab ab sofort als Berufsbezeichnung «Hausmann und Vater und selbständiger Unternehmer» an, überlegte kurz, ob ich mir neue Visitenkarten besorgen soll, aber ließ es dann bleiben.

Als Erstes, dachte ich, werde ich ein Buch über mein Leben als Hausmann und Vater schreiben. Seht her, werde ich Alice Schwarzer und den anderen Frauen zurufen: Hier bin ich, der neue Mann, ein Held unserer Zeit! Während meine Frau in der globalen Wirtschaft Karriere macht, schmeiße ich den Haushalt und ziehe ein paar Kinder groß. Mir nach, werde ich meinen Geschlechtsgenossen zurufen, wir sind die wahren Revolutionäre. Die Supermänner!

Man wird uns bewundern, man wird uns verehren, die Leute werden uns in den Bundestag wählen und als Kanzlerkandidaten vorschlagen. Die ganze Gesellschaft wird sich von Grund auf verändern, und wir, wir werden nicht nur dabei, sondern die eigentlichen Akteure gewesen sein.

Der Mann von der Sparkasse sah das alles ein bisschen enger, sah nur, dass auf meinem Konto seit Monaten nichts mehr einging, und fragte mich deshalb, ob ich arbeitslos sei. «Aber überhaupt nicht», sagte ich, «ich habe mich nur selbständig gemacht.» Im Jahr 2000 hätte mich der Banker vermutlich mit einer Million Mark Venture Capital überschüttet und gefragt, wann ich mein Start-up-Unternehmen an die Börse bringe. Damals aber, 1990, war mein Banker noch altmodisch, und darum kürzte er mir erst einmal die Kreditlinie.

Egal, denn nun war klar: Ich muss jetzt sofort einen Bestseller schreiben. Noch unklar war, wann ich das tun sollte. Mein Kind schlief wenig, schrie viel und unangenehm laut. Musste gewickelt, gebadet, an die frische Luft gebracht und zum Stillen zweimal pro Tag in das 35. Stockwerk eines Frankfurter Hochhauses gebracht werden. Schlief es doch einmal, schlief auch ich, jedoch immer nur so lange, bis jemand an der Haustür klingelte, der Hund bellte, das Telefon düdelte und das Baby schreiend aufwachte. Das war gut, denn ich hatte ja noch den Haushalt zu erledigen. Einkaufen, putzen, kochen, waschen, bügeln – alles wichtige neue Erfahrungen im Leben eines neuen Mannes. Aber wann sollte ich je darüber schreiben?

Einmal war meine Frau als Ehrengast zu einer Preisverleihung ins Münchner Prinzregententheater eingeladen. Problem: Ab 18 Uhr sitzt sie da drin, vor Mitternacht kommt sie nicht mehr heraus, aber irgendwann dazwischen muss das Kind gestillt werden. Ich schiebe also das Kind mit dem Buggy in Richtung Prinzregentenplatz und treffe auf einen Polizeikordon. «Ja, wo woll'n denn Sie hin», fragt mich ein Polizist.

«Da rein will ich», antworte ich.

«Na, da kemman S' net rei», sagt er, «da brauchen S' schon a Einladung.»

«Hab ich nicht», sage ich, «ich muss aber trotzdem rein, sonst verhungert mein Kind. Da drin sitzt seine Mutter und wartet, dass ich ihr das Kind zum Stillen bringe.» – «Ja, so a ausgschamte Ausred hob i mei Lebtag no ned g'hört», sagt der Mann in Uniform, «schaun S' dass weiterkemma.»

Wie durchdringt man unbemerkt feindliche Stellungen? Hab ich doch gelernt auf dem Offizierslehrgang bei der Bundeswehr. Ich beurteile die Lage, schiebe weiter und erkenne eine Lücke im Sicherheitsring der Polizei. Durch diese Lücke schlüpfe ich und komme bis vor den Eingang des Theaters. Zum ersten Mal in meinem Leben habe ich etwas in der Schule der Nation Gelerntes wirklich brauchen können.

Wo ich jetzt stehe, prallen zwei Welten aufeinander: Ich in Jeans und offenem Hemd mit Kind im Buggy auf der einen Seite, mir direkt gegenüber die schwarzen Karossen, denen der Ministerpräsident, Veronica Ferres, Iris Berben und viele weitere Abendroben entsteigen. Die Fotografen, promigeil und darum blind für mich, stürzen sich auf die Abendroben.

Das nutze ich, um mich an dem Blitzlichtgewitter vorbei durch die Tür zu zwängen. Ich bin drin. Niemand achtet auf mich. Niemand wundert sich über den Mann mit dem Buggy, nur einer vom Sicherheitsdienst beäugt mich misstrauisch. Vorne sehe ich Ottfried Fischer herumlaufen, den Bullen von Tölz.

Noch bevor der Sicherheitsmensch mir unangenehme Fragen stellen kann, frage ich ihn, wo es hier zur Maske geht, ich hätte gleich einen Auftritt in einem Sketch mit Ottfried Fischer. Der Mann von der Sicherheit setzt zu einer langatmigen Erklärung an, in die hinein ich sage: «Ah, da vorn läuft der Fischer ja, ich häng mich am besten gleich dran an ihn.»

Ich schiebe mich an Fischer ran, begrüße ihn, zum Glück kennen wir uns schon länger, der Mann von der Sicherheit sieht, dass wir uns kennen, und ich kann endlich unbehelligt mein Kind vor dem Verhungern retten. Während des Stillens kam dann noch ein älterer Diplomat von der russischen Botschaft versehentlich in das Kämmerchen, in das sich Katja mit dem Kind zurückgezogen hatte, erblickte eine stillende Frau in der Abendrobe, erbleichte, errötete, erbleichte, es war ein hübsches Farbenspiel, und ergriff, als er wieder zu sich kam, die Flucht.

Von solchen Geschichten hätte ich noch mehr erzählen können, aber erst jetzt, 12 Jahre später, komme ich dazu, sie aufzuschreiben, denn wer von den körperlichen Bedürfnissen eines Kleinkinds durch die Welt gehetzt wird, kommt zu nichts anderem mehr.

Nach einjährigem Martyrium als neuer Held unserer Zeit war ich sichtlich gealtert und des Heldentums ein bisschen müde. Alice Schwarzers «Emma» wählte mich nicht zum Mann des Jahres. Die Medien ignorierten meine revolutionäre Tat, Franz Josef Wagners «Bunte» machte unsereinen als Softie, Schlaffi und Hänger nieder, feierte die Powerfrauen, und der Literaturbetrieb fand Popliteraten interessanter, die von morgens bis abends nichts anderes zu tun haben, als darüber nachzudenken, auf welche Party sie gehen und was sie dafür anziehen.

Ich mied Partys eher, nicht nur aus Müdigkeit und Zeitmangel, sondern auch, weil ich die Partyfrage fürchtete: «Und was machst du denn so?»

Antwortete ich wahrheitsgemäß, teilte sich die Menschheit in vier Lager: Die üblichen Männer, allesamt ausgestattet mit Job und Sekretärin und Dienstwagen, guckten etwas ratlos und verwundert und fügten noch ein wenig allgemeines Gerede an, um sich dann möglichst schnell zu verabschieden und wichtigere Gesprächspartner zu suchen.

Die Sensibleren brachen in Rufe des Erstaunens aus und versicherten mich ihrer Bewunderung und sagten, dass sie meinen Mut ganz toll fänden. Unausgesprochen sagten sie damit aber, dass sie diesen Mut für Blödheit halten. Unausgesprochen sagten sie, dass sie für sich selbst die Option Hausmann und Vater kategorisch ausschließen. Unausgesprochen sagten sie: Ich hab doch nicht zwölf Semester studiert, um anschließend zu Hause das Klo zu putzen. Und unausgesprochen sagten sie damit auch noch: Wir wollen zwar auch mal Kinder haben, aber dann werden wir dafür sorgen, dass unsere Ehefrauen zu Hause bleiben oder auf einen Halbtagsjob umsatteln. Unsere Ehefrauen haben zwar auch eine teure

Ausbildung, aber denen ist diese Arbeit, da sie ja Frauen sind, naturgemäß eher zuzumuten.

Und dann gab es noch jene ältere Dame, die selber einen Sohn in meinem Alter hat und das Ansinnen ihrer akademisch gebildeten Schwiegertochter, ihr Sohn möge es mir gleichtun, abwehrte mit dem Argument: «Na, fürs Windelnwechseln hat mein Bub doch nicht studiert.» Und dann schob sie noch nach: «Ein Mann, der sich von seiner Frau ernähren lässt, ist kein richtiger Mann.»

Da waren mir die jüngeren Frauen dann doch lieber, die sich ehrlich begeistert zeigten, so sehr, dass sie später in Kleingruppen meiner Frau von dem «süßen Mann» vorschwärmten, den sie sich da an Land gezogen hatte – während ich mich fühlte wie ein Streber, dem seine Tanten zufrieden übers Haar streichen.

Nach dieser Erfahrung beendete ich mein freiwilliges soziales Jahr, wir engagierten Putzfrau, Babysitter, eine Tagesmutter, das ganze Personal, das man halt so braucht, wenn zwei egoistische Leute «alles» wollen: Kinder *und* einen Job. Ich arbeitete wieder als Journalist, von zu Hause aus. Aber so wie vorher wurde es nie wieder, zumal wir unser Kind nicht alleine aufwachsen lassen wollten und drei Jahre später das zweite kam.

Inzwischen weiß ich: Die Arbeit hört nie auf. Auch mit Putzfrau, Babysittern und Au-pair-Mädchen besteht der Alltag des zu Hause arbeitenden Mannes aus so viel Organisation und Improvisation, dass er kaum dazu kommt, seinen eigentlichen Job zu machen.

Das Leben ist ausgefüllt mit Arztbesuchen, Zahnspangenkorrekturen, Elternabenden, Pausenbroten, Hausaufgaben, Schulkonzerten, Kindergeburtstagen und Nachhilfestunden. Das sensible und kostbare Personal muss gut behandelt, beschenkt, effizient geführt und häufig neu organisiert werden, da es spontan zu anderen Plänen neigt und nicht selten über Nacht abhanden kommt.

Installateure, die nicht kommen wollen, verlangen ein hohes Maß an Zuwendung. Die Klavierlehrerin schätzt es, von mir mit Kaffee und Kuchen bewirtet und ein bisschen unterhalten zu werden, und schließlich ist da noch die voll berufstätige Ehefrau, die abends nach Hause kommt und nicht nur ein köstliches Mahl auf dem gedeckten Tisch erwartet, sondern auch eine aufgeräumte Wohnung, sauber gewaschene Kinder und einen entspannten Ehemann, welcher die vom Job gestresste Ehefrau charmant lächelnd mit einem Aperitif empfängt und in die Arme nimmt.

Seit ich all diese Anforderungen kenne, welche jahrhundertelang allein den Frauen oblagen, bin ich ein Feminist, verstehe das Gejammere der Frauen über ihre Doppelbelastung und beneide die Männer, die morgens die Tür hinter ihrem häuslichen Chaos schließen und unter Hinterlassung eines verschmierten Frühstückstisches in ihre sauberen, aufgeräumten Büros enteilen, wo schon die Sekretärin mit dem frisch gebrühten Kaffee wartet.

Ich ertappe mich dabei, wie ich abends meiner heimkehrenden Gattin ein schlechtes Gewissen mache, indem ich sie mit schlechter Laune empfange und mit Berichten überfalle, die schildern, was wieder alles schief gelaufen ist während des Tages und warum ich kaum zu meinem eigentlichen Job des Schreibens gekommen bin.

Das alles ist natürlich nur auszuhalten, wenn man sich

von Zeit zu Zeit die Größe der weltgeschichtlichen Mission bewusst macht, der man dient. Man kann diese Leistung nur bringen, wenn man weiß, dass es um das Projekt der Moderne geht, um die Aufklärung, die Emanzipation, um die nie versiegende Mühe, die Welt im Grundsätzlichen zu verbessern und künftigen Generationen junger Männer als leuchtendes Vorbild zu dienen.

Ich zeige Größe durch tätige Reue für 10 000 Jahre Patriarchat und die von den Frauen in diesen Jahrtausenden erlittene Unbill – Selbstentmachtung durch Selbsterkenntnis. Wir Männer, die wir jetzt leben, sind die letzten Kaiser.

Aber diese, ich muss es leider sagen, zeigen einen beklagenswerten Mangel an Einsicht. Kleinkariert, hartleibig und verbissen stemmen sie sich gegen den endgültigen Zusammenbruch ihrer Herrschaft und finden es auch heute noch völlig normal, dass nur Frauen gefragt werden: «Wie vereinbaren Sie Familie und Beruf?» Diese Frage wurde mir noch nie vorgelegt, aber seit 13 Jahren alle vier Wochen meiner Frau.

«Wie kommen Sie damit zurecht, im Schatten Ihrer erfolgreichen Gattin zu stehen?» – so etwas werde nur ich gefragt. Und der Mann von Amelie Fried. Und der Mann von Maybrit Illner. Und der Mann von Petra Gerster. Wir vier haben schon erwogen, eine Schattenmann-Boygroup zu gründen und uns dazu ein paar Schattenfrauen einzuladen, aber komisch, die gibt's nicht.

Kanzler-, Minister- und Berühmtheiten-Gattinnen werden nie gefragt, wie sie sich so fühlen, und, noch komischer, sie selber fühlen sich auch nicht als Schattengewächse, sondern sonnen sich selbstbewusst im Glanz ihrer Männer. Während ich mir am Tisch des Bundespräsidenten vorkomme wie ein Hochstapler, der sich reingeschlichen hat, thronen die Promi-Gattinnen so selbstverständlich auf ihren Stühlen, als hätten ihre Männer es ihnen zu verdanken, dass die da sitzen dürfen. Na ja, im Grunde ist es ja auch so.

Trotzdem, diese Weiber, die sich im Patriarchat kommod eingerichtet haben und unsereinem in den Rücken fallen, wenn wir im Namen des Fortschritts, der Emanzipation und des herrschaftsfreien Diskurses eine neue Epoche des Friedens zwischen Mann und Frau einläuten möchten, machen mich noch wahnsinnig, und geradezu hysterisch reagiere ich, wenn ich sehe, dass sie immer noch oder schon wieder auf so testosterongesteuerte Alphamännchen wie Jürgen Schrempp abfahren.

Schrempp, so las ich in einem Buch über den Chrysler-Deal, habe die Amerikaner durch seine überbordend männliche Vitalität beeindruckt und sie gerade deshalb über den Tisch gezogen. Einmal, nach einem recht alkoholreichen Geschäfts-Abendessen in Sevilla, etwa um zwei Uhr morgens, hatte Schrempp plötzlich dieses gefürchtete Glitzern in den Augen, packte seine Assistentin, warf sie sich über die Schulter, griff sich eine Flasche Champagner, rief seinen hellauf begeisterten Geschäftsfreunden über die noch freie Schulter ein markiges «Bis später, Jungs!» zu und war verschwunden.

Ich gebe zu, ich beneide sie ein wenig, diese Sieger und Hochleister, wie Gertrud Höhler sie zu nennen pflegt. So ein Hochleister steht bekanntlich morgens schon energiegeladen zwischen fünf und sechs auf, joggt, setzt sich dann noch energiegeladener in den Dienstwagen, braust zum Managen ins Büro, und noch bevor er am Schreibtisch sitzt, hat er schon drei bis vier weitreichende Entscheidungen gefällt, welche die Zukunft seines Unternehmens für die nächsten hundert Jahre sichern.

Ich Tiefleister stand zwar ebenfalls zwischen fünf und sechs auf, als die Kinder noch klein waren, aber nur, weil sie ihren Kakao verlangten. Damit trage auch ich zur Zukunftssicherung des Wirtschaftsstandorts Deutschland bei, aber irgendwie zählt das nicht so richtig. Statt Großes zu tun, Firmenimperien zu schmieden, Weltmärkte zu erobern, Frauen über die Schulter zu werfen und nach Champagnerflaschen zu greifen, ist mir bestimmt, mein Leben mit den Kindern bei Arztbesuchen und Zahnspangenkorrekturen zu verzetteln.

Ja, doch, ich beneide sie, die Alphamännchen, die haben für all diese würdelosen Beschäftigungen genügend Angestellte und ihre Lebensabschnittsgefährtinnen und können sich daher ganz auf ihre eigentliche Aufgabe konzentrieren: Großes zu leisten, wie ein richtiger Mann.

Manchmal haben wir solche Manager bei uns zu Gast. Dann kommt es gelegentlich vor, dass der Gatte verhalten hadert, er würde auch gerne öfter so eine Einladung geben, aber seine Frau «packt das nicht». Worauf diese ihm laut schweigend mit funkelnden Blicken zu verstehen gibt: Ich habe auch meinen Job, und wenn du endlich bereit wärst, mal zum Einkaufen in die Metro zu fahren, und wenn du in der Lage wärst, ein Stück Fleisch ordentlich zu garen und ein vernünftiges Ratatouille termingerecht auf den Tisch zu bringen, dann hätten wir auch Gäste. Die Angetraute denkt eben im Traum nicht mehr daran, ihrem Kerl den Rücken freizuhalten, damit er an seiner Karriere stricken kann.

Nicht einmal Cherie Blair sieht das ein. Die hat nach der Geburt ihres vierten Kindes ihrem Tony gesagt, er solle gefälligst Erziehungsurlaub nehmen und ihr beim Windeln helfen. Blair verstand einerseits, dass von Gesetzen, die er selber gemacht hat, auch er Gebrauch machen dürfte und in diesem Fall auch sollte, schon um der Wählerinnen willen.

Andererseits dachte er an seinen kinderlosen Rivalen William Hague von den Tories, der viel Zeit hat und nur darauf wartet, ihm das Gesetzemachen abzunehmen. Blairs früherer Kollege Bill Clinton meinte dazu, dass Erziehungsurlaub vielleicht gar nicht nötig sei, schließlich wohne Blair sozusagen «über dem Geschäft» und könne jederzeit von seinem Schreibtisch aufspringen, wenn das Kind ein Stockwerk höher brüllt.

Wir wissen nicht, wie es Blair nun macht, wenn sein Kind schreit, während er am Telefon gerade mit Mr. Bush die desolate Lage im Irak bespricht. Wir wissen nur: So wie Blair geht es vielen Männern. Die Cheries werden immer mehr.

Und gelegentlich, auf jenen Events mit hohem Alphamännchen- und Cloppenrath-Aufkommen, schleicht so einer um meine Frau und mich herum, beobachtet mich aus den Augenwinkeln, während ich aus den Augenwinkeln die Gedanken hinter seiner Stirn lese: Wie kommt *so* ein Mann zu *so* einer Frau? Geld hat er nicht, Macht hat er nicht, ein Beau ist er nicht, ein Genie ist er nicht, berühmt ist er nicht, aber er sitzt da mit der unerschütterlichen Ruhe des Felsens von Gibraltar. Was ist sein Geheimnis?

Dann denk ich mir: Verrat ich nicht. So soll es sein. So soll es bleiben.

Wenn die Männer schwanger würden

Denken uns die Frauen? Ach was. Wenn es so wäre, hätten sie längst für uns vorgedacht, was ich mir manchmal denke. Männer wie ich haben ja des Öfteren so Tagträume, in denen sie sich beispielsweise ausmalen, was eigentlich passieren würde, wenn sich über Nacht eine biologische Revolution ereignete und plötzlich die Männer die Kinder bekämen.

Ich weiß es. Ich hab's nämlich geträumt: Das Problem der Vereinbarkeit von Familie und Beruf würde innerhalb einer einzigen Legislaturperiode komplett gelöst werden.

Der schwangere Vorstandsvorsitzende von Daimler oder BMW würde bis eine Woche vor der Geburt seine Geschäfte wahrnehmen, eine Woche später gebären und drei Tage später mit einer bunten Limousine von seiner Fahrerin abgeholt werden. Im Auto säße eine bestens ausgebildete Erzieherin, welche das Baby morgens in Empfang nähme und mit in die Vorstandsetage von Daimler oder BMW führe. Die Limousine wäre zwischenzeitlich umgebaut worden zu einem babygerechten Auto mit Wickelkommode, Windelfach, Abfalleimer, Creme, Öl und allem, was man als Baby halt so braucht.

Am Vormittag peitschte der Vorstandsvorsitzende in

der Hälfte der sonst üblichen Zeit die erste Morgenkonferenz durch, danach zöge er sich zusammen mit einigen anderen Vorstandsmitgliedern, die auch frisch geboren haben, in einen Raum zurück, um dort sein Baby zu stillen. Dort, in der Intimität der Stillgruppe, würden dann die wesentlichen Personalentscheidungen gefällt. Männer mit Kind hätten bei diesen Entscheidungen immer die besseren Karten.

Das Betriebsklima würde sich enorm verbessern, denn Männer mit Kind würden sich nicht mehr so wichtig nehmen wie Männer ohne Kind. Männer mit Kind würden plötzlich merken, dass es ein Leben außerhalb des Jobs gibt, dass die Welt größer und reicher ist als das Unternehmen, das sie bisher für ihre Welt gehalten haben.

Sie hätten nicht mehr so viel Zeit und auch nicht mehr so viel Lust, in abendlichen Rotweinrunden zu kungeln und zu intrigieren. Die im Unternehmen anwesenden Kinder würden die Männer sanfter stimmen und vielleicht auch jene überflüssigen Konferenzen, Tagungen und Symposien als das erscheinen lassen, was sie sind: Veranstaltungen, deren hauptsächlicher und geheimer Zweck darin besteht, Seilschaften zu knüpfen und einander mächtig zu imponieren.

Ein paar Monate später käme das Baby in eine betriebliche Krabbelgruppe, nach drei Jahren in den betrieblichen Kindergarten, von wo aus die Kinder ihre Mamas und Papas regelmäßig an ihren Arbeitsplätzen besuchen dürfen. In diesem Kindergarten wüchse es zweisprachig auf, und Ausländerkinder lernten dort automatisch Deutsch. Das Unternehmen sorgte dafür, dass ausreichend qualifiziertes Personal für diese Kinderbetreuung zur Verfügung steht und den Kindern alles geboten wird, was für eine optimale frühkindliche Bildung nötig ist. Sportstätten, Hallenbäder, Konzertsäle, Musikinstrumente, Lehrer, Therapeuten, Psychologen – das alles wäre da.

Das Unternehmen verspräche auch jenen Eltern eine sichere Rückkehr an ihren Arbeitsplatz, die sich für die ersten drei Jahre ihres Kindes lieber eine Auszeit nähmen, als sie in die betriebliche Krabbelgruppe zu stecken. Das Unternehmen hielte intensiv Kontakt zu diesen Mitarbeitern und würde sie im dritten Jahr durch Fortbildungskurse so weit vorbereiten, dass der Wiedereinstieg keine Probleme verursacht.

Natürlich würde die Sache auch begrifflich unheimlich aufgepeppt. Niemand spräche mehr von «Nur-Hausmann» oder «Hausmann und Vater», wenn sich Männer massenhaft ganz auf die anspruchsvollen Aufgaben in Haushalt und Erziehung konzentrierten. Vielleicht würde man sie als «Wir-AG» bezeichnen oder als «Zukunfts-Agentur».

Ich persönlich würde ja eher den Begriff «Zivi» auf mich und meine Tätigkeit anwenden, denn das genau leiste ich: Zivildienst, Dienst an der Zivilisation. Politiker könnte das Wort auf die durchaus glorreiche Idee bringen, Zivis in jeden Haushalt zu schicken, damit sie dort putzen, kochen, waschen, bügeln und gelegentlich auch mal einen duftenden Pflaumenkuchen backen.

In ehrgeizigen Unternehmenskulturen würde man die vielfältigen Anforderungen an Hausmänner und Väter auf mehrere Köpfe verteilen und sich dafür phantasievolle Bezeichnungen ausdenken. Bei Bertelsmann hieße ein Hausmann vermutlich «Executive Coordinator of Family

Synergies», und der Vater, der einen besonderen Ehrgeiz für eine kreative Küche entwickelt, wäre so etwas wie ein «Chief Creative Officer». Es gäbe wahrscheinlich auch Kurse in Hauswirtschaft, die dann aber «Family Management and Controlling» hießen und in die auch die Zivis geschickt würden. Davon würden sie dann später, wenn sie selber eine Familie gründen, ein Leben lang profitieren. Und deren Kinder auch.

Es gäbe betriebliche Kinderfeste, Sportfeste, Sommerfeste, es gäbe sorgfältig ausgewählte Erzieher, Lehrer und Psychologen, die mit den Kindern in den Abenteuer-Urlaub führen, die sich um Behinderte, Lernschwache, Hochbegabte und sonst wie auffällige Kinder kümmerten.

Nach sechs Jahren käme ein Teil der Kinder in eine Ganztagsschule in der Nähe des Unternehmens, ein zweiter Teil ginge in eine Halbtagsgrundschule und verbrächte die Nachmittage wieder in der Nähe des elterlichen Arbeitsplatzes in einer betrieblichen Kinder-Nachmittags- und Hausaufgabenbetreuung. Die Unternehmen würden Patenschaften für solche Schulen übernehmen, an denen besonders viele Kinder ihrer Angestellten unterrichtet und erzogen werden.

Durch die enge Verzahnung der Unternehmen mit Krabbelgruppen, Kindergärten, Schulen, Kinderbetreuung stiege die personelle Flexibilität. Angestellte des Unternehmens könnten ein paar Jahre lang in der Kinderbetreuung oder an Schulen arbeiten, Lehrer und Erzieher könnten ins Unternehmen wechseln.

Für die Erziehung eines Kindes braucht es ein ganzes Dorf, sagt ein afrikanisches Sprichwort. Diese bei uns kaputtgegangenen Dorfstrukturen entstünden neu, wenn rund ums Unternehmen Wohnungen für die Angestellten gebaut, Vereine gegründet, Kneipen und Läden angesiedelt würden. Jeder Mitarbeiter hätte nicht nur das Unternehmen im Blick, sondern das Ganze, in den das Unternehmen eingebettet ist. Die Zahl der persönlichen Bekanntschaften stiege. Die Anonymität aus den Städten verschwände, das Leben kehrte in die Städte zurück.

Der Vorstandsvorsitzende würde darauf achten, dass Familienväter genügend freie Zeit für ihre Familien haben, würde diese möglichst selten versetzen und dafür sorgen, dass den Vätern aus ihrer eingeschränkten Mobilität und Flexibilität keine beruflichen Nachteile entstehen.

Die Politiker würden dafür sorgen, dass Familien sich nicht mehr in Hasenställe zwängen müssen, sondern geräumige Wohnungen zu bezahlbaren Preisen bekämen, Bürgermeister bauten kindgerechte Stadtteile, durch die man zu Fuß schlendern könnte, aus den Supermärkten verschwände die Quengelware, das Fernsehen brächte nur noch pädagogisch wertvolle Sendungen ohne Werbung. Kinos, Theater, Restaurants, Kaufhäuser nähmen einem für die Zeit der Vorstellung, des Essens oder des Einkaufens die Kinder ab, und in ganz Europa wäre es Touristik-Unternehmen und Hotels verboten, ausgerechnet während der Ferien die höchsten Urlaubstarife zu verlangen.

Es ist wirklich ein Jammer, dass Männer keine Kinder bekommen können.

Der Ladyboss und sein Heldennotausgang

Männer passen sich nicht der Welt an, sondern passen die Welt sich an. Wenn alle Männer morgen schwanger würden, begännen sie gleich morgen früh damit, die Welt so umzukrempeln, dass sie gebären und trotzdem Boss bleiben können. Warum tun die Frauen das nicht? Warum haben sie es nicht längst schon getan?

«Weil sie nicht Bosse sind, sondern Sekretärinnen, nicht Chefärzte, sondern Krankenschwestern, nicht Intendantinnen, sondern Moderatorinnen», sagt Katja, mit der ich für solche Fragen die erste Adresse im eigenen Haus habe, schließlich ist sie Unternehmensberaterin und muss es wissen.

«Und warum habt ihr so wenig Bosse», frage ich Katja, «ihr mit euren zwei tollen X-Chromosomen, eurer hervorragenden Erziehung, eurer glänzenden Ausbildung, eurer strotzenden Gesundheit, eurer kommunikativen Kompetenz, eurer sprachlichen Überlegenheit und eurer ausgeprägten emotionalen und sozialen Intelligenz?

Auf euren Frauen-Netzwerk-Symposien zitiert ihr immer genüsslich diesen Hamburger Trendforscher, der behauptet, Männer würden immer entbehrlicher, demnächst bei der Kinderproduktion und schon heute in der Dienstleistungsgesellschaft, die bevorzugt auf weibliche

Eigenschaften Wert lege. Und dann habt ihr auch noch alle Unterstützung von der Politik und der öffentlichen Meinung.

Heerscharen von Gleichstellungsbeauftragten, Dutzende von Antidiskriminierungsgesetzen, Regelungen, Eingliederungshilfen, Frauenquoten und sogar der CSU-Chef Stoiber stehen hinter euch, aber wenn ich in der Business-Class fliege, bin ich allein unter Männern. Was muss denn noch geschehen, bis ihr auch mal mitfliegt?»

«Ach, das ist ein weites Feld», pflegt Katja auf diese Frage zu antworten und zeigt wenig Lust, näher darauf einzugehen, weil ihr auf diesem Feld immer ihre Freundin Barbara in die Quere kommt.

Nicht ohne heimliches Vergnügen erinnere ich mich an den Zoff, den sie neulich wegen dieser Fragen miteinander hatten. Ich hörte ihnen schweigend zu, während ich in unserer offenen Küche für die Damen einen Petersfisch mit Basmatireis und asiatischem Gemüse zubereitete.

Zuerst zerrissen sie sich ja noch in freundschaftlicher Einigkeit das Maul über Silke, die kurz vor einer Beförderung plötzlich schwanger wurde, deshalb den Job schmiss, fortan ihrem Rüdiger die Socken wusch, und nun hat sie der Rüdiger wegen einer anderen verlassen, einer Powerfrau, wie man hört.

Barbara erzählte aufgebracht, wie sie Silkes freiwilligen Rückzug in die Hausfrauenfalle und ihren Verfall darin aus nächster Nähe miterlebt hat. Zuerst sei Silke noch allein ausgegangen, habe Freundinnen getroffen und ihr Ding gemacht. Dann sei sie nur noch mit Rüdiger ausgegangen, habe immer weniger Freundinnen getroffen, und diese immer seltener, und am Ende sei Rüdiger allein ausgegangen und habe dabei seine Neue getroffen.

«Jetzt sitzt Silke da mit Kind, ohne Mann, ohne Job und ohne Rentenversicherung», sagte Barbara, «hab ich kein Mitleid, selber schuld, kann ich da nur sagen.» Sie habe Silke immer zugeredet, wenigstens wieder eine Halbtagsstelle anzunehmen, um nicht ganz den Anschluss zu verpassen, «aber nix, ihr Kind und Rüdiger, das war jetzt ihre Welt, die genügte ihr, mehr wollte sie nicht».

«Warum hat sie das Kind eigentlich gekriegt», fragte Katja, «war das geplant?»

«Nein, Zufall, sagt sie», erzählte Barbara, «aber ich sag dir was, diesen ‹Zufall› hatte Silke geplant. Sie hatte einfach keine Lust mehr, jeden Morgen anzutanzen und ihren Job zu machen. Immer schon hat man sie zum Jagen tragen müssen. Immer schon war sie bei geringsten Widerständen nahe daran, aufzugeben, sich mit der Position zu begnügen, die sie gerade hatte.

Immer schon neigte sie, wenn's mal stockte, zu der Ausrede, die Männer ließen sie nicht. Aber es waren nur selten die Männer, die ihr im Weg standen, sondern sie selbst. Männer haben sie in ihrer Firma immer nur gefördert. Schon die Profs an der Uni haben sich um sie mehr gekümmert als um mich, denn sie war ja viel hübscher als ich, weiblicher, männerkompatibler.

Und wenn ich denke, wie viel Trainee- und Fortbildungsprogramme sie in ihrer Firma gemacht hat, was das gekostet hat, was ihre ganze Erziehung, die Schule, das Studium gekostet haben – und jetzt steht sie ihrem Unternehmen und dieser Gesellschaft nicht mehr zur Verfügung, lebt vom Geld ihres Mannes und jammert, weil sie sich ihren Mercedes nicht mehr leisten kann.»

«Na, na», suchte Katja sie zu besänftigen, «ein Kind und einen künftigen Rentenzahler und Mercedesfahrer großzuziehen ist ja auch etwas. Ich kann inzwischen ganz gut akzeptieren, wenn eine Frau sich bewusst entscheidet, Kinder zu erziehen, jedenfalls solange es hierzulande nicht genügend gute Kinderbetreuungseinrichtungen gibt. Und wer weiß, vielleicht macht Silke ja einen Arbeitsplatz frei für eine Arbeitslose, die schon lange einen Job sucht.»

«Du redest mal wieder sehr staatstragend», sagte Barbara. «Hast ja im Großen und Ganzen recht damit, aber den Einzelfall Silke kenne ich halt zufällig aus nächster Nähe, und darum weiß ich: Silke hat nicht Kinder, sondern ein Kind, und diesen Balg erzieht sie nicht, sondern verwöhnt ihn nach Strich und Faden. Und jetzt benutzt sie ihn auch noch als Ersatzpartner, hat ihn aus dem Kindergarten herausgenommen. Dieses Kind bräuchte Spielgefährten, aber hat nur seine Mutter.

Und ich bin mir sicher: Das war kein bewusstes Ja zum Kind, sondern ein unbewusstes Nein zu der Anstrengung, eine 55-Stunden-Woche und die Ringkämpfe gegen die Kollegen auf sich zu nehmen.

Und weißt du, was ich glaube? Die Kerle finden Frauen wie Silke eine Zeit lang zwar ganz bequem, aber irgendwann langweilen sie sich mit ihnen, vor allem, wenn die Frauen, wie Silke es tat, dann irgendwann anfangen, an ihren Männern herumzumeckern, sich plötzlich in der Opferrolle beschreiben, ihren Männern ein schlechtes Gewissen machen mit der Lüge, um der Kinder willen auf eigene berufliche Ambitionen verzichtet zu haben. Das nervt. Ich an Rüdigers Stelle wäre auch davongelaufen.»

«Nun sei mal nicht so hart», sagte Katja, «nicht jede Frau kann Männer mit ihrer Kodderschnauze so in Angst und Schrecken versetzen wie du. Silke ist halt ein weicher Typ, war auch nie so wie du an Macht interessiert, und ich kann mir schon vorstellen, dass sich viele Frauen sagen: Diese lächerlichen Machtspielchen der Männer öden mich an. Da krieg ich doch lieber ein Kind, als mein Leben im Kleinkrieg um die Albernheiten der Männer zu vergeuden.»

«Wenn Silke die Größe hätte, dies zuzugeben, würde ich mich ja gar nicht aufregen. Aber sie behauptet, die Männer sind schuld, wenn Frauen nichts werden im Job. Silke gehört zu den Frauen, die emotional werden, wo eigentlich ein professioneller Auftritt angemessen wäre. Silke gehört zu den Frauen, die immer jammern, egal, was sie gerade machen, ob sie im Job sind oder ein Kind kriegen oder ein Kind haben, immer ist ihnen alles zu schwer. Und einen Job *und* ein Kind zu haben ist angeblich das Allerschwerste, ist praktisch unmöglich. Aber du selbst bist der lebende Beweis dafür, dass es nicht unmöglich ist. Wenn eine Frau heute sagt, ich will ein Kind *und* eine Karriere, dann kann sie sich das organisieren.»

Mit großer Zufriedenheit und schweigender Zustimmung hörte ich Katja sagen: «Es wäre mir vermutlich nicht so reibungslos gelungen, wenn nicht Harry zu Hause arbeiten würde.»

Fröhlich schnippelte ich mein Gemüse, hackte die Petersilie und die Zwiebeln, und in das Gehacke hinein sagte Barbara: «Ach was, wenn Harry ins Büro ginge, hättet ihr es auch irgendwie hingekriegt. Mir hängt dieses ewige Gejammer der Frauen über ihre Benachteiligungen zum Hals heraus. Wir sind nicht mehr benachteiligt, jedenfalls die Abitur gemacht und studiert haben. Ich rede nicht von den anderen, die's vielleicht wirklich schwerer hatten, ich rede von den Akademikerinnen.

Die Hälfte der Abiturienten ist weiblich, im Studium schneiden Frauen meist besser ab als Männer, aber in den Vorstandsetagen und auf den Professorenstellen finde ich nur noch vier Prozent Frauen. Ich lasse mir nicht weismachen, dass das nur an der Bösartigkeit der Männer und deren Seilschaften liegt. Das liegt auch an so Frauen wie Silke. Das liegt an den Frauen, die Kinder als faule Ausrede benutzen.»

Ich wusste schon, was Katja jetzt vortragen würde, dass sie nämlich glaube, dass die «Frauenfrage» noch immer eine «Kinderfrage» sei, zumindest in Deutschland, und genau das hörte ich sie sagen, und weiter: «Irgendwann zwischen dem Einstieg in den Beruf und der Menopause muss jede Frau entscheiden, ob sie ein Kind will. Es gleich nach dem Einstieg zu bekommen ist problematisch. Es immer länger hinauszuschieben ist ebenfalls problematisch.

Irgendwann dazwischen ist auch blöd. Eigentlich passt es nie, und darum kriegen die Frauen ja immer weniger Kinder. Wer doch eins kriegt, ist erst mal lahm gelegt, muss gebären, sich um Kinderkrippen, Kinderfrauen oder Au-pair-Mädchen kümmern, zum Arzt rennen oder zu Hause bleiben, wenn das Kind krank ist.

Männer kennen den ganzen mit der Versorgung eines Kleinkinds zusammenhängenden Organisationsstress nicht. In dieser Phase, in der eine Frau sich ‹dazwischen› befindet, liegen die entscheidenden Jahre, ziehen die Männer an den Frauen vorbei. Während Frauen ständig pendeln zwischen Job und Kind, können sich Männer ganz ihrer Karriere widmen, und darum sind immer noch sie es, die dann irgendwann ganz oben ankommen.»

Katja hat Recht, dachte ich, innerlich fröhlich singend, während ich den Fisch in den Ofen schob, und das wird noch lange so bleiben, sang ich munter weiter, denn der Staat hat kein Geld für Ganztagskrippen und Ganztagsschulen.

Darum muss ich mir um die Zukunft von Max keine Sorgen machen, da können uns die Frauen mit noch so vielen X-Chromosomen auf allen Gebieten überlegen sein. Solange sie nur Kinder kriegen und im großen Rattenrennen um die besten Jobs ausgerechnet dann aus dem Rennen fliegen, wenn's darauf ankommt, ganz dabei zu sein, so lange hat mein minderbemitteltes Geschlecht noch immer die besten Chancen auf einen Rattenführerjob.

Natürlich merken das die Frauen, darum entscheiden sich ja immer mehr gegen Kinder, und darum sterben wir viel schneller aus, als wir aussterben würden, wenn es nur vom Y-Chromosom abhinge.

Aber hören wir unseren Frauen weiter zu, deren Gespräch gleich eine gefährliche Wendung nehmen wird.

«Die schwierige Vereinbarung von Job und Familie würde vielleicht einen Frauenanteil von 25 oder 30 Prozent an den Führungspositionen rechtfertigen», wandte

Barbara ein, «aber vier Prozent? Nein, das lass ich mir nicht einreden, dass es objektive Gründe dafür gibt. Ich sage dir: Mindestens 50 Prozent aller Frauen sind einfach zu faul oder zu dämlich, um Karriere zu machen.»

«Glaube ich nicht», sagte Katja, «Frauen sind einfach nicht so karrierefixiert wie Männer und wie vielleicht du. Ich übrigens auch nicht», und nun machte Katja den Fehler, eine Geschichte zu erzählen, die sie besser nicht erzählt hätte, denn ein paar Minuten später flogen die Fetzen.

Kurz nachdem Katja Hauptabteilungsleiterin in ihrem Unternehmen geworden war, kündigte ihr Chef, weil er zum Vorstandsvorsitzenden eines großen Konzerns berufen wurde. Nun wurde Katja gefragt, ob vielleicht sie die Nachfolge …

Und Katja sagte nein.

Barbara war fassungslos, als sie das hörte. «Bist du des Wahnsinns», ereiferte sie sich, «seit ich dich kenne, meckerst du, dass dieses Land von Männern regiert wird, und nun hast du selbst die Chance, an die Spitze eines Unternehmens zu gelangen, und du sagst nein? Tut mir Leid, ich kann dich nicht mehr ernst nehmen.»

Etwas kleinlaut, wie ich Katja nur selten höre, sagte sie: «Ach, weißt du, diese Position einzunehmen hätte für mich bedeutet, noch weniger Zeit für die Kinder zu haben. Ich leide schon jetzt darunter, dass ich zu wenig Zeit für sie habe. Für mich stand immer die Familie an erster und der Job an zweiter Stelle. Hätte ich den Chefposten angenommen, hätte ich ihn nur ausfüllen können um den Preis, die Familie an die zweite Stelle zu setzen. Das wollte ich nicht.»

«Ach ja, die lieben Kinder und die heilige Familie», giftete Barbara, «der Heldennotausgang für alle Weiber, die kneifen, wenn's ernst wird, denen der Kampf um die Macht zu anstrengend wird, die plötzlich vor der Verantwortung zurückscheuen, wenn sie ihnen angeboten wird.

Wenn es knistert und kracht an ihrem Arbeitsplatz, wenn die Funken fliegen und es ungemütlich wird, dann geht die Frau in Deckung und sagt: Ich kriege jetzt mein Kind. Und du gehörst also offenbar jetzt auch dazu.»

«Fällt dir auf, dass du es bist, die sich gerade zur Heldin der Arbeit ernennt, die standhält, wenn die Fetzen fliegen? Und hast du, wenn du mich ins Silke-Körbchen sortierst, vielleicht vergessen, dass ich bereits zwei Kinder habe und ich mir trotz dieser zwei Kinder eine ziemlich hohe Führungsposition erobert habe?»

Mit einer gewissen Schärfe in der Stimme sagte Katja: «Predige deine Frauen-an-die-Macht-Phantasien bitte den Hausfrauen und Halbtagsjobberinnen, aber doch nicht mir.»

«Zwischen dir und den Halbtagsjobberinnen besteht nur ein gradueller Unterschied, kein prinzipieller», sagte Barbara. «Auch du drückst dich vor den Konflikten und dem Stress, den man als Ladyboss auf sich nehmen müsste.»

«Vielleicht reichen mir der Stress und die Konflikte schon, die man als berufstätige Mutter zweier Kinder auf sich nehmen muss», sagte Katja jetzt mit lauter Stimme, «du hast leicht reden, liebe Freundin, du hast keine Kinder, du kennst den Stress nicht und weißt nicht, was es bedeutet, hundert Prozent Verantwortung in einem anspruchsvollen Job zu tragen und noch einmal hundert Prozent für die Familie.

Hast du dich schon einmal gefragt, ob nicht für Frauen wie dich ihr Job der Heldennotausgang ist, weil sie vor der Verantwortung zurückschrecken, ein Kind in die Welt zu setzen? Vielleicht flüchtet ihr euch in den Job, weil ihr insgeheim wisst, dass eine 55-Stunden-Woche mit Dienstwagen und Sekretärin allemal leichter zu bewältigen ist als die 24-Stunden-Tage und Sieben-Tage-Wochen, die Frauen abverlangt werden, welche einen Job haben *und* zwei kleine Kinder, von denen eines krank ist und nachts schreit.»

«Wirfst du mir jetzt vor, mich gegen Kinder entschieden zu haben?», fragte Barbara mit gefährlich leiser Stimme.

Ich warf das Gemüse in den heißen Wok und unterbrach durch das laute Zischen des Gemüses im Fett kurzzeitig den Disput. Aber meine beiden Damen ließen sich dadurch nicht aus dem Konzept bringen.

«Ich werfe dir nicht vor, kinderlos zu sein, ich werfe dir vor, über berufstätige Mütter zu urteilen, deren Situation du aus eigenem Erleben nicht kennst», sagte Katja.

«Muss ich einen Fisch braten können, um sagen zu dürfen, dieser Fisch stinkt? Willst du mir verbieten, über Situationen zu urteilen, die ich nur vom Zuschauen und nicht aus eigener Praxis kenne? Dann wären alle Zuschauer in den Fußballstadien dieser Welt zum Stillsein verurteilt.»

«Man muss nicht kochen können, um einem Koch sagen zu dürfen, dass das Schnitzel, das er da auf den Teller gelegt hat, eine Ledersohle ist», sagte Katja, Worte gebrauchend, die eigentlich von mir sind, aber das macht sie oft, und sie fuhr fort: «Aber es schadet nicht, wenn man's trotzdem kann. Es macht dem Koch mehr Eindruck, wenn man ihm sagen kann, wie er das Fleisch hätte behandeln sollen. Und darum kannst du mit deinen Auslassungen über Frauen vielleicht andere kinderlose Frauen beeindrucken, aber nicht mich.»

«Du beschwerst dich, seit ich dich kenne, dass es immer die Falschen sind, die an die Macht kommen, aber kaum wird dir die Teilhabe an der Macht angeboten, lehnst du sie ab – und das soll ich nicht sagen dürfen, nur weil ich keine Kinder habe?»

Ich warf den Reis ins kochende Wasser. Die Rede, die Katja nun hielt, dauerte fast länger als der Reis.

«Du darfst alles sagen, was du willst, Barbara, aber ich auch. Und ich sage dir jetzt, dass du den Unterschied zwischen Kinder haben und keine Kinder haben unterschätzt. Ich sage dir sogar, dass Kinderlosigkeit den Horizont verengt.

Dir ist es wahrscheinlich noch nie aufgefallen, aber mir fällt seit Jahren auf, dass sich Gespräche mit dir fast ausschließlich um den Job drehen, um deinen Job vor allem. ‹Ich, Barbara, und mein Job› ist seit Jahren der einzige Inhalt unserer Gespräche. Ich werfe dir das nicht vor. Mir ist klar, dass das so sein muss, denn der Job ist ja das Einzige, was du hast. Du bist mit deinem Job identisch.

Auch das ist dir nicht vorzuwerfen, aber vorzuwerfen ist dir, dass du meinst, dich wegen deines tollen Jobs über die anderen Frauen erheben zu dürfen, ihnen überlegen zu sein. Du meinst immer, die Frauen zu Hause am Herd und auf dem Kinderspielplatz verspießern in ihrer kleinen Welt, aber merkst nicht, dass du in deiner großen weiten Managerhochglanzwelt, die nur funktionieren kann, weil keine Kinder stören, ebenfalls verspießerst, nur andersrum, denn deine Welt mag groß sein, aber sie ist auch arm.

Du jettest zwar dauernd zwischen Berlin, Brüssel, London, New York und Tokio in der Welt herum, aber was lernst du dabei kennen? Unwirtliche Flughäfen, langweilige First-Class-Businesshotels, genormte Bürohochhäuser, schallgedämmte Konferenzräume und Meetings mit eindimensional genormten, nadelgestreiften Wichtigtuern, die im September davon sprechen, ‹den Christmas-Roll-Out und die Xmas-Mailing-Aktion just in time› vorbereiten zu müssen, wenn sie eigentlich nur sagen wollen, dass es Zeit ist, ihren Schrott fürs Weihnachtsgeschäft auf den Markt zu werfen.

Wenn dir wenigstens zwischen dem Konferenzende und dem Abflug noch Zeit bliebe, eine Ausstellung in Tokio zu besuchen, ein Musical in New York oder eine Oper in Mailand, aber dazu reicht es nicht, das gibt dein Terminkalender nicht her. Was du allenfalls schaffst, ist ein kurzer Gang durchs Rolex-Segment der Shopping-Meilen, wo du dich mit dem üblichen Zeug von Gucci, Prada, Lagerfeld und der ganzen Luxusscheiße eindecken kannst, die ein Ladyboss angeblich so braucht.

Du bildest dir vielleicht ein, diese Erfahrungen seien welthaltig, aber ich sage dir, sie sind leer. Welthaltig ist es, abends am Kinderbett zu sitzen und den Kindern die Geschichten vorzulesen, die man einst selber vorgelesen bekam. Welthaltig ist es, ein Kind zu trösten. Welthaltig ist es, mit seinem Kind über seine Konflikte mit Lehrern und Mitschülern zu sprechen. Welthaltig ist es, einem Kind bei seiner Entwicklung zu helfen, es durch sein Leben zu begleiten und in die Welt zu entlassen.»

Der aromahaltige Reis war fertig, der knoblauchhaltige Fisch war fertig und das chilihaltige Gemüse. Deshalb rief ich: «Darf ich auch mal was sagen?»

Verblüfft blickten die zwei zu mir herüber. Offenbar hatten sie völlig vergessen, dass ihnen ein Mann die ganze Zeit zugehört hatte. «Und, was hast du uns zu sagen?», fragte Katja.

«Nun», antwortete ich, «die freundliche Lebhaftigkeit eures Gesprächs hat mich nicht unbewegt gelassen. Alles, was darin gesagt wurde, war sehr klug, ist wohl zu überlegen und von mehr als einer Seite zu betrachten.»

«Willst du uns verarschen?», fragte Barbara.

«Nein», sprach ich, «das Wesentliche kommt ja noch. Der Fisch ist fertig.»

Ungefähr zwei Wochen nach diesem Gespräch war dann Katja fertig. Sie hatte erfahren, wer die Chef-Stelle bekommen sollte, die sie abgelehnt hatte: Cloppenrath.

Cloppenrath hatte sich nach seiner Kündigung in einem anderen Unternehmen angeblich so gut bewährt, dass er jetzt triumphal in jenes Unternehmen zurückkehren sollte, in dem man ihn bei einer Beförderung schmählich übergangen und ihm eine Frau vorgezogen hatte.

Barbara hat schon Recht. Es sind meistens die Falschen, die an die Macht kommen. Aber sie kommen nur deshalb dorthin, weil die Richtigen nicht so danach drängen. Das ist ein Problem. Ich arbeite daran.

Die Aura der Frauen

Wenn ich erklären müsste, was mich an Katja fasziniert, würde ich sagen: Es ist halt diese wahnsinnige Ausstrahlung, die alle in ihren Bann schlägt. Wenn ich hingegen Katja in einem einzigen Satz mit äußerster Knappheit beschreiben müsste, würde ich sagen: Hat kalte Hände, kalte Füße und kennt sich nicht aus.

Beide Sachverhalte scheinen nichts miteinander zu tun zu haben. Aber das ist grundfalsch, wie ich kürzlich herausgefunden habe. Seit ich weiß, wie eng beides miteinander verzahnt ist, bahnt sich ein neuerlicher Paradigmenwechsel in der Wissenschaft an.

Ich kann Ihnen das erklären, es interessiert Sie wahrscheinlich nicht, ich erkläre es Ihnen trotzdem, weil es zeigt, wie kleine Zufälle, diverse Umwege und große Unwägbarkeiten zum Erkenntnisfortschritt beitragen.

Es ist mir nämlich gelungen, die Große Einheitliche Feldtheorie des Systems Katja zu entwickeln, eine Theorie, welche dringlich der Aufklärung bedürftige Phänomene endlich aufklärt, und zwar auf erstaunlich einfache Weise. Dafür werden sich auch Frauenzeitschriften interessieren.

Und wer weiß, welche Innovationen meine Theorie hervorbringt? Ich vermute, dass sie eine weitere technologische Revolution initiiert und unseren maroden Standort endlich wieder an die Spitze der Industrienationen katapultiert.

Ich beginne mit «kalte Hände, kalte Füße»: Weil Katja ganzjährig, ausgenommen an den wärmsten Tagen des Hochsommers, unter Kälte leidet, muss sie, wenn ich mit ihr durch die Stadt gehe, in jedes am Weg liegende Schuhgeschäft, in jede Boutique und in jede Parfümerie hinein, um, wie sie sagt, sich wieder ein wenig aufzuwärmen.

Nein, das ist keine billige Ausrede und auch kein billiges Klischee. Manchmal kommt es eben vor, dass sich die Tatsachen an die Klischees halten, und so ein Fall liegt uns hier vor. Katja hat wirklich immer bemitleidenswert kalte Hände, und mit ihren Füßen könnte man ein Kühlhaus betreiben.

Ganz anders liegt mein Fall. Ich leide, ausgenommen an den kältesten Tagen des Winters, unter Hitze und schwitze immerzu. Deshalb halte ich Katja immer fest an der Hand, um die ihre zu wärmen und meine zu kühlen. Für die andere hatte ich ihr vor Jahren einen Handwärmer geschenkt, da war sie sehr gerührt, aber sie hat ihn nie benutzt, weil man ihn mit Feuerzeugbenzin betreiben musste und sie immer fürchtete, er könne explodieren.

Außerdem hätte er auch nur zur Hälfte etwas genützt, denn da wären ja immer noch die kalten Füße gewesen, die sie in die nächste Boutique getragen hätten.

Es ist übrigens erstaunlich, mit welch traumwandlerischer Sicherheit die Frauen von ihren Füßen in jede im Umkreis von zehn Kilometern versteckte Boutique getragen werden. Auch bei der Minderheit der warmfüßigen Frauen sei das so, habe ich mir sagen lassen. Das müsste man auch einmal näher erforschen, vielleicht brächte uns das der Lösung des Zugvogel-Geheimnisses näher. Und die US-Militärs könnten möglicherweise noch zielgenauere Raketen entwickeln.

In der Boutique, sagt Katja, gebiete es die Höflichkeit, dann auch eine Kleinigkeit zu kaufen. Auch das ist keine Ausrede. Katja ist wirklich so höflich. Aber der Leid- bzw. Warentragende bin natürlich ich, wenn ich nach ein paar Stunden mit hundert aus Höflichkeit erworbenen Kleinigkeiten wie ein Lastesel durch die Fußgängerzonen des Rhein-Main-Gebiets schwanke und schwitze.

In den Läden frohlocken die Inhaber. Die tückischen unter ihnen gewähren Katja mittlerweile gerne Rabatte von zehn bis 20 Prozent. Sie haben nämlich herausgefunden, dass Katja die Prozentrechnung sehr eigenwillig handhabt. Sie muss nicht rechnen können, in ihrem Büro hat sie dafür ihre Leute, aber beim Wort Rabatt tut sie es dann doch und erzählt mir hinterher immer fröhlich, dass sie wieder viel Geld gespart hat. Wenn sie mir das Ersparte jedes Mal ausbezahlt hätte, wäre ich heute ein reicher Mann.

Katja rechnet nämlich so: Dieses Paar entzückender Schuhe kostet 200 Euro. Der Verkäufer gewährt mir 15 Prozent Rabatt, also spare ich 30 Euro. Da wäre es ja dumm, wenn ich nur ein Paar kaufte, denn wenn ich, sagen wir, sechs Paar kaufe, spare ich nicht 30, sondern 180 Euro. Dafür kann ich mir in der Boutique nebenan zwei hübsche Seiden-Tops kaufen, dort kriege ich auch 15 Prozent, also 27 Euro, für die ich in der Parfümerie ein Eau de Toilette erstehen kann, wo ich übrigens sogar 20 Prozent …

So rechnet Katja. Darum löst das Wort Rabatt den sofortigen Kaufzwang bei ihr aus. Darum hat das Rhein-Main-Gebiet, seit wir hier wohnen, einen stetigen wirtschaftlichen Aufschwung zu verzeichnen, was uns übrigens noch niemand gedankt hat.

Von der Großen Einheitlichen Feldtheorie sind wir damit aber noch weit entfernt. Deshalb gehen wir jetzt in die Abteilung «kennt sich nicht aus»: Immer wenn Katja den Laden voll des Glücks über ihre vorteilhaften Einkäufe verlässt, rennt sie zuverlässig in die falsche Richtung, und zwar zurück, wenn wir eigentlich vorwärts wollen, um weiterzubummeln, und vorwärts, wenn wir nach Hause, also zurückwollen.

Ich weiß, dass diese Orientierungslosigkeit ein gut dokumentiertes Merkmal aller Frauen ist. Besonders während jener rauschhaften Zustände, die sich bei Frauen nach stundenlangen Shopping-Orgien einzustellen pflegen, taumeln sie planlos und verzückt in alle falschen Richtungen davon.

Diese Orientierungslosigkeit wird von den primitiven Sozialdarwinisten mit der sattsam bekannten These begründet, dass Frauen keinen Orientierungssinn entwickeln konnten, weil sie hunderttausend Jahre lang immerzu in ihren Höhlen hockten und auf ihre heimkehrenden Männer warten mussten. Diese hatten sich beim Jagen in der Welt herumgetrieben und hunderttausend Jahre Zeit gehabt, sich eine innere Landkarte anzulegen. Daher kommt der männliche Orientierungssinn.

Die Frauen, die nichts von der Welt gesehen haben, müssen ohne diese Landkarte auskommen, und wenn man ihnen eine gäbe, könnten sie sie nicht lesen, würden sich in die Wildnis verirren und hunderttausend Jahre Einsamkeit erleiden.

Ich halte nichts von dieser Theorie, auch wenn sie angeblich von der modernen Hirnforschung bestätigt wird. Wenn sie stimmte, müsste Katja nach den Gesetzen der Wahrscheinlichkeit in 50 Prozent aller Fälle auch mal in die richtige Richtung taumeln. Sie marschiert aber zuverlässig in hundert Prozent aller Fälle so entschlossen in die falsche Richtung, als ob sie genau wüsste, wo es falsch ist. Sie muss also so etwas wie einen gut funktionierenden inneren Kompass mit sich herumtragen, der um 180 Grad gedreht ist.

Deshalb, und aus mancherlei anderen Gründen, auf die ich später noch zu sprechen komme, habe ich eine viel intelligentere Theorie als die primitiven Sozialdarwinisten. Ich muss aber, um Ihnen diese bestechende Theorie in ihrer ganzen Stringenz und Klarheit zu erklären, einen kleinen Umweg über ein anderes sattsam bekanntes Klischee machen: So gut wie jede Autofahrt endet bei langjährig verheirateten oder zusammenlebenden Paaren mit oder ohne Umwege in einem handfesten Krach.

Auch meine Ehe unterscheidet sich in dieser Hinsicht leider nicht von den anderen. Es beginnt zumeist damit, dass Katja mich ganz klischeehaft fragt: «Bist du sicher, dass die Richtung noch stimmt?»

Und dann ist der Tag eigentlich schon gelaufen.

Auch wenn ich die Strecke schon zweitausendmal allein und tausendmal mit ihr zusammen gefahren bin, sagt ihr ein untrügliches Gefühl, dass ich in die falsche Richtung fahre. Dann muss ich diskutieren, sie überzeugen, beruhigen.

Ich würde eigentlich gerne über mein nächstes Buch mit ihr reden, über die Kinder, ihren Job, Giovanni, Cloppenrath, den Urlaub oder darüber, ob es ihr eigentlich nicht zu blöd ist, auf geradezu lächerliche Weise dem gängigen Frauenklischee zu gehorchen, dem zufolge Frauen immer Schuhe kaufen und in die falsche Richtung laufen müssen.

Es wäre wirklich interessant, von ihr mal zu erfahren, was sie von meiner Vermutung hält, dass Frauen so viel Schuhe kaufen, weil sie insgeheim hoffen, irgendwann einmal das ideale Paar zu finden, das Frauenfüße nicht nur automatisch in die nächste Boutique hinein und hinaus, sondern auch sonst immer richtig durch die Welt lenkt, vielleicht sogar zu einem Märchenprinzen, Navigationsschuhe sozusagen, die obendrein noch schick aussehen, bequem sind und die Füße wärmen.

Solche Schuhe gibt's natürlich nicht, darum sind all eure hektischen Schuhkäufe vergeblich, würde ich Katja gerne sagen. Aber dazu kommt es nie, weil ich sie stattdessen mühsam davon überzeugen muss, dass ich soeben über das Wiesbadener Kreuz gefahren bin, kerzengerade in Richtung Frankfurt spure und vorhabe, mir dort in 25 Minuten im Messeparkhaus einen Parkplatz zu suchen.

Gereizt drücke ich aufs Gaspedal, verfluche mein Schicksal, mit einer Frau leben zu müssen, die wider besseres Wissen und jegliche Erfahrung immer wieder meinem Orientierungssinn misstraut, an meiner Kompetenz zweifelt, mich dauerndem Rechtfertigungszwang aussetzt und mich permanent infrage stellt.

Warum nehme ich das eigentlich auf mich? Warum

sitze ich nicht, wie Franz Josef Wagner, als einsamer Wolf jeden Abend in der Paris Bar, rauche, trinke und warte darauf, dass die Tür aufgeht, eine Prinzessin reinkommt, auf mich zugeht und mir sagt: «Dich habe ich gesucht.»?

Einmal wieder, wie ganz früher, grenzenlos bewundert und leidenschaftlich angehimmelt werden von einer Frau, das fehlt mir, danach sehne ich mich jetzt, aber das bekomme ich wahrscheinlich nie wieder. Denn ich sehe bei Katja, wie bei allen anderen mitteleuropäischen Frauen, so etwas wie einen weiblichen Rassismus aufkeimen oder einen weiblichen Chauvinismus oder prinzipielles Misstrauen gegen den Mann als solchen oder zumindest gegen mich oder was auch immer.

Warum bewundert mich eigentlich niemand? Ich koche, spüle, erziehe meine Kinder, stehe meinen Mann im Beruf, halte den Rasen kurz, zahle Steuern, liebe trotz allem meine Frau, werde aber infrage gestellt und demnächst auf den Rentnerberg geworfen.

Aber wahrscheinlich hat das gar nichts mit Katja und mir zu tun. Wahrscheinlich bin ich nur ein Opfer der öffentlichen Meinung. Wäre ja kein Wunder, wenn das ewige Männerbashing nicht irgendwann Folgen zeitigen würde.

Was malen denn die Medien für ein Bild von uns Männern? Männer in der Krise zeichnen sie, lächerliche Machos, entthronte Patriarchen, nackte Kaiser, bemitleidenswerte Softies, entzauberte Märchenprinzen, bornierte Glatzköpfe, koksende Fußballtrainer, schwächelnde Süchtlinge, durchgeknallte Politiker, raffgierige Manager, korrupte Beamte, arbeitslose Versager, Lustgreise, Ferngesteuerte, Paranoiker, Säufer, Hurer, Schläger, Bohlen und Effenberg – kurz, Männer, die nicht mehr wissen, wo's langgeht, aber sich immer noch einbilden, wo sie sind, sei vorn.

Und mir, der wirklich vorn ist, glaubt nun niemand mehr, dass ich vorn bin. Zu viele Schwachköpfe haben den guten Ruf eines ganzen Geschlechts ruiniert.

Stumm gleite ich mit unserem Van über die Autobahn, hadere mit den heruntergekommenen Mannsbildern, ärgere mich über die vorurteilsbeladenen Weibsbilder, steigere mich, unbewusst den Druck aufs Gaspedal verstärkend, in eine Wut hinein, die mich die Welt draußen immer mehr vergessen lässt und sich so tief in meine Innenwelt bohrt, dass ich am Eschborner Dreieck bei Tempo 160 die Abfahrt Richtung Messe verpasse.

Ich gebe Vollgas.

«Ras doch nicht so», sagt Katja. «Es ist wirklich nervenaufreibend, mit einem Raser verheiratet zu sein.»

«Ich bin kein Raser», sage ich, «im Gegenteil, ich hasse alle Raser, die von hinten auf mich zujagen wie wild gewordene Hummeln, deshalb versuche ich ja, ihnen zu entkommen, darum muss ich schneller sein als sie.»

Als ich in die nächste Abfahrt donnere und gleich wieder auf die Autobahn in die Gegenrichtung brettere, sagt Katja: «Du hast dich verfahren, immer verfährst du dich, schaff dir doch endlich mal ein Navigationsgerät an.»

Wieso merkt sie das jetzt? Sie merkt doch sonst nie etwas.

«Ich habe mich nicht verfahren», gifte ich sie an, «ich

habe nur die Abfahrt verpasst, weil ich dauernd mit dir über den richtigen Weg diskutieren muss.»

«Du hast überhaupt nicht mit mir diskutiert, seit zwanzig Minuten schweigst du vor dich hin.»

«Aber innerlich habe ich mit dir diskutiert.»

«Ich glaube, du wirst alt», sagt sie, «deine Fehlleistungen häufen sich in letzter Zeit signifikant. Du fährst doch immer am Eschborner Dreieck an der Ausfahrt vorbei.»

Das sagt die Frau zu mir, die nie bis zum Eschborner Dreieck käme, wenn sie es allein finden müsste. Katja allein im Auto nach Frankfurt, das ist die einzige Gelegenheit, bei der sie nicht friert, sondern ins Schwitzen gerät, mich nach einer Dreiviertelstunde völlig genervt anruft, um mir ihren derzeitigen Standort im Hochtaunus vorzuwerfen und mich aggressiv aufzufordern, ihr bitte sofort zu sagen, wie sie jetzt innerhalb von zehn Minuten ins «Haarwerk» kommt, wo diese ausgeflippte türkische Friseursclique in der Nähe der Alten Oper seit einer halben Stunde auf sie wartet. Ich sei an allem schuld, sagt sie, weil ich mich weigere, endlich ein Navigationssystem anzuschaffen. Schon um des Ehefriedens willen sollten wir so etwas haben, meint sie.

«2500 Euro kostet so ein Ding», pflege ich dann überzeugend und herrschaftsfrei zu argumentieren, «die spinnen doch. Reine Geldschneiderei ist das. Mit mir nicht. 2500 Euro auszugeben, nur weil du nicht willens oder fähig bist, Landkarten zu lesen und dir mehrfach gefahrene Strecken einzuprägen. Und wenn ich das Auto wieder verkaufe, bekomme ich für das Ding keinen Cent mehr und muss beim neuen wieder zweieinhalbtausend extra ausgeben. Außerdem arbeiten diese Geräte noch nicht hundertprozentig zuverlässig, denk doch nur an deinen Bruder, der hat sich neulich mit seiner Frau im Auto verkracht, *obwohl* sie ein Navigationsgerät haben. Weil es sie in Köln ein Dutzend Mal am Ziel vorbei über die Zoobrücke gescheucht hat.

Und weil das bescheuerte Gerät nur ihretwegen angeschafft wurde, gab er ihr die Schuld für die Gurkerei. Zu Recht. Im Übrigen wird das Zeug irgendwann billiger, und in ein paar Jahren gehört es sowieso zur Standard-Ausstattung jedes Autos. So lange können wir warten.»

Gut, ich weiß, was Sie jetzt denken, und ich gebe zu, dass auch ich dem Klischee gehorche, wenn ich heimlich denke: Navigationsgeräte sind unmännlich. Wer so etwas benutzt, gesteht vor sich und anderen, dass er sich nicht mehr auskennt. Wer so etwas nutzt, outet sich als Ferngesteuerter. Ich aber steuere mich selbst.

Ich kenne mich aus. Habe schließlich den Einzelkämpferlehrgang der Bundeswehr mitgemacht. Da wurde ich mit dem Hubschrauber irgendwo in einem Wald bei Hammelburg nachts ausgesetzt und hatte den Auftrag, mich ohne alles innerhalb einer Woche zu meiner 200 Kilometer entfernten Dienststelle durchzuschlagen.

Fünf Tage später stand ich auf der Matte, denn an der bemoosten Rinde jedes Baumes erkenne ich, wo Westen ist, brauche dazu weder Sonne noch sternklare Nächte. Außerdem wurde mir auf dem Lehrgang beigebracht, wie man sich von Baumrinde ernährt. Seitdem weiß ich: Finde ich nur irgendwo einen einzigen Baum, meistere ich die schwierigsten Lebenslagen.

Auch das Klischee, dass Männer nie nach dem Weg fragen, weil sie Fragenmüssen als Niederlage empfinden, trifft voll auf mich zu. Na und? Ist es nicht schön, bei aller Individualität auch ein paar Dinge mit seinen Geschlechtsgenossen gemein zu haben? Dafür drehe ich ruhig mal ein paar Runden um die Häuserblocks.

Außerdem erlebe ich oft, wie Katja trotz ihrer nervenden Fragerei nicht ans Ziel kommt, weil sie ja doch sehr häufig an jene gerät, die eben schon lange nicht mehr wissen, wo's langgeht, aber dennoch bereitwillig Auskünfte erteilen. Es schmeichelt ihnen, von so einer schönen Frau nach dem Weg gefragt zu werden, und da schicken sie dann Katja lieber irgendwohin, als dass sie zugeben, keine Ahnung zu haben.

Insgeheim wünschen die Irrlichter sich, von Katja auch noch nach der Wahrheit und dem Sinn des Lebens gefragt zu werden, und noch insgeheimer, dass sie fragt, ob man sich mal treffen könne. Dabei würden sie den Treffpunkt gar nicht finden, wenn Katja sich darauf einließe. Und wenn doch, würde Katja ihn nicht finden.

All diese Überlegungen nützen nun aber nicht mehr viel, denn die Kräche mit Katja häufen sich in letzter Zeit dramatisch, weil sie – vermutlich, weil ich sie zu stark verwöhnt habe – Ansprüche an mich stellt, die sich ins Ungeheure auswachsen. Ansprüche, die sie selber nicht einmal im Ansatz erfüllt.

Neulich beispielsweise, als sie mich auf einer Lesereise begleitete, erwartete sie, dass ich die Buchhandlung Kaim in der Pferdestraße 46 in Jüterbog von Mainz aus auf Anhieb finde. Hielt ich nur ein einziges Mal an, um zu gucken, wo die Bäume ihr Moos haben, behauptete sie schon, ich sei ein totaler Versager und unfähiger Autofahrer und ich solle doch endlich ein Navigationsgerät anschaffen.

Ich fing an, mich über diese Navigationsdinger zu informieren, nicht etwa, weil ich meine Meinung geändert habe und mir plötzlich einbilde, so etwas zu brauchen, nein, sie werden an manchen meiner Andeutungen vielleicht schon gemerkt haben, dass ich ein Computerfreak bin. Ja, ich besitze vier miteinander vernetzte Desktops, zwei Notebooks und zwei Pocket-PCs, und – das kann ich jetzt an dieser Stelle ruhig einmal gestehen – meine Füße tragen mich ziemlich zielsicher in jeden im Umkreis von zehn Kilometern versteckten Computerladen. Mein Lieblingsladen ist der MediaMarkt.

Katjas ewiges «Ich will ein Navigationsgerät!» bot mir einen willkommenen Anlass, mal wieder jene vom Fernsehen bekannten Helden aufzusuchen, die nur billig können.

Einer zeigte mir den «TomTomNavigator». Mit dem könne ich meinen Pocket-PC zu einem Navigationsgerät aufmotzen, sagte mir der BilligHeld vom MediaMarkt, der passende GPS-Empfänger sei auch dabei. Das Ganze koste nicht mehr als 400 Euro, 1900 Euro weniger, als ein Fahrzeugnavigator kostet. Ich bin doch nicht blöd, dachte ich, kaufte den TomTomNavigator und dachte außerdem, man müsste auch einmal klären, worin der Vorteil-DieserSchreibweiseLiegt, schließlich leiden wir nicht unter Papierknappheit.

Im Auto sieht TomTom ein bisschen unschön aus, weil man ein Kabel für den GPS-Empfänger und eine Halterung für den Pocket-PC an die Windschutzscheibe pappen muss. Es ginge auch drahtlos, aber das wäre teurer. Ich fuhr durch Mainz, und welches Ziel ich auch eingab, stets führte mich TomTom, wohin ich wollte. Fuhr ich absichtlich einmal falsch, merkte er es und empfahl mir die Umkehr.

Bei der nächsten Frankfurt-Fahrt führte ich Katja stolz meine Errungenschaft vor. Sie gab sich skeptisch. TomTom ließ sich davon nicht beeindrucken und lotste uns souverän über den Rhein und die Schiersteiner Brücke auf die Autobahn nach Frankfurt. Sogar vor Radarfallen warnte er uns.

Katja blieb skeptisch. Gleichmütig teilte mir TomTom vor jeder Ausfahrt mit, dass ich sie nicht nehmen, sondern auf der Autobahn bleiben soll. Das ging Katja auf die Nerven, denn sie wollte sich mit mir unterhalten und nicht dauernd von TomTom unterbrochen werden. Im Stillen dachte ich auch, es wäre doch intelligenter, wenn TomTom die Klappe hielte und sich erst dann meldete, wenn ich die Autobahn verlassen muss.

Als ich am Eschborner Dreieck die Autobahn hätte verlassen müssen, meldete sich TomTom nicht.

Schon als wir an Höchst vorbeifuhren, fiel mir auf, dass er meine Gespräche mit Katja nicht mehr störte. Vielleicht ist er ja wirklich intelligent und hat gemerkt, dass er stört, dachte ich. Aber warum schweigt er auch jetzt, wo's nötig wäre zu reden? Ist er etwa auch noch empfindlich? Schmollt das Sensibelchen jetzt?

Dann sah ich genauer hin und las: Navigation unterbrochen, kein Satellitenempfang.

«Scheiße», rief ich.

«Wie kannst du auch so einen Mist kaufen», sagte Katja, «wenn etwas schon TomTom heißt, das kann ja nur plemplem sein. Damit kommen wir nie in die Neuhaußstraße.»

In Frankfurt hatte TomTom dann einen Teil seiner Satelliten plötzlich wieder gefunden. Aber er merkte immer zu spät, dass ich auf eine Kreuzung zufuhr, sagte mir immer erst dann, dass ich abbiegen soll, wenn ich schon eine Straße weiter war, dabei ist es wirklich nicht sehr schwierig, die Neuhaußstraße zu finden. Andererseits, wenn er nicht alle Satelliten im Schrank hat, was kann er dafür, wenn er mein Ziel nicht findet?

«Du hast billigen Schrott gekauft», sagte Katja, «gib ihn zurück.»

Billig? 400 Euro für ein Ding, das die Neuhaußstraße nicht findet? Ich sagte Katja lieber nicht, wie viel ich dafür bezahlt habe. Nicht einmal Rabatt habe ich bekommen.

Ich informierte mich über andere Navigationssysteme im Internet und fand den BusinessMobileNavigator für Notebooks. Business, das klingt schon mal kompetenter und seriöser als TomTom, dachte ich, und kostet nur 369 Euro. Und führt nicht nur durch Deutschland, sondern durch ganz Europa.

Ich bestellte, installierte, ließ mich durch Mainz lotsen. Das zweite Kabel an der Windschutzscheibe störte ein wenig. Mein teures Notebook auf dem Beifahrersitz rutschte ein wenig. Beim Bremsen und in engeren Kurven musste ich es festhalten, damit es nicht vom Sitz fiel. Nach einer halben Stunde ging nichts mehr, weil ich vergessen hatte, die Akkus des Notebooks aufzuladen. Aber sonst funktionierte alles tadellos.

Am Wochenende besuchten Katja und ich Freunde in Kronberg. Natürlich brauche ich dafür keinen BusinessMobileNavigator. Aber ich dachte, soll er uns doch mal zeigen, was er kann. Viele Wege führen nach Kronberg. Vielleicht kennt er ja eine kürzere Strecke. Ich bin immer bereit, andere Meinungen einzuholen und mich belehren zu lassen.

Katja hielt das voll aufgeladene Notebook auf ihrem Schoß wie ein Schoßhündchen. Der BusinessMobileNavigator meldete sich nur, wenn ich abbiegen sollte, und immer rechtzeitig. Er führte uns sicher ans Ziel, wenn auch auf seltsamen Wegen durch Dörfer mit nie gehörten Namen. In manche sind wir mehrmals aus allen vier Himmelsrichtungen hinein- und wieder hinausgefahren. Wir umkreisten viele anmutige Taunusgegenden, liebliche Täler, sonnige Höhen und sogar den Großen Feldberg. Hätten die Gastgeber nicht mit dem Essen auf uns gewartet, wäre die dreistündige Fahrt ein sehr schönes Erlebnis gewesen.

So aber sprach Katja: «Du hast Schrott gekauft, gib ihn zurück.»

«Vielleicht war ja irgendwo ein Stau, und das intelligente Gerät hat uns um den Stau herumgeführt», sagte ich.

«Durch den Taunus hat es uns geführt», sagte Katja, «wir haben die ganze Zeit Susanne Fröhlichs HR3-Radio-Kuppel-Show gehört, aber sie hat nicht eine einzige Staumeldung gebracht, schon gar nicht aus dem Taunus.» Da hatte sie leider Recht.

Andererseits: Weiß man, ob Susanne Fröhlich wirklich von jedem Stau erfährt? Und falls ja: Weiß man, ob sie auch jeden meldet? Vielleicht denkt sie, ich hab hier gerade viel Spaß im Gespräch mit einem einsamen Herzen, irgendein blöder Stau im Taunus stört jetzt nur. Sollen die

Idioten, die meinen, die frische Luft meiner Heimat verpesten zu müssen, doch in den Stau hineinfahren und darin ersticken.

Ich weiß nicht, ob Susanne Fröhlich so denkt. Wahrscheinlich eher nicht. Aber wenn doch?

Eine Woche später besuchte ich die Kronberger Freunde allein. Der BusinessMobileNavigator lenkte mich innerhalb kürzester Zeit auf genau jenem Weg zum Ziel, den ich sonst auch immer fahre – das gab mir zu denken.

Und ich dachte: Katja hasst alles, was mit Technik zu tun hat. Sie akzeptiert bis heute nicht, dass ihr Faxgerät von Zeit zu Zeit mit Papier aufgefüllt zu werden wünscht, statt sich sein Papier selbst zu besorgen oder herzustellen. Katja verlangt von jedem Gerät, dass es von sich aus tut, was sie will.

Da sich die überwältigende Mehrheit der Geräte solchen Anforderungen widersetzt, nähert Katja sich jedem Gerät immer schon mit einer gewissen Gereiztheit und der inneren Bereitschaft, es sofort aus dem Fenster zu werfen. Ich vermute, dass die Geräte das merken. Kommt Katja in ihre Nähe, fühlen sie die berechtigte Angst, falsch bedient oder schlecht behandelt zu werden, und drehen durch.

Auch ich bin dann immer nahe am Durchdrehen, denn Katja macht mich verantwortlich, wenn die Geräte nicht funktionieren, und zwar so überzeugend, dass ich mich tatsächlich schuldig fühle, mich für die Geräte schäme und den Satz erwarte: «Du hast Schrott gekauft, gib ihn zurück.»

Der Leidensdruck, der von diesem Satz ausgeht, stimulierte meinen Forscherdrang so heftig, dass er sich eines Tages in einer blitzartigen Erkenntnis entlud, und damit komme ich nun auch zu meiner Großen Einheitlichen Feldtheorie. Ich erkannte plötzlich: Katja strahlt. Wo sie geht und steht, verwandelt sie ihre Umgebung in stark gepulste elektromagnetische Felder.

Ich weiß das, seit ich irgendwo gelesen habe, dass die US-Militärs Mikrowellen-Kanonen entwickeln, die elektromagnetische Impulse aussenden und damit technische Geräte zerstören. Sogar an Bomben arbeiten sie, die ganze Länder mit gewaltigen elektromagnetischen Schockwellen überziehen und alle Computer und elektronischen Netze lahm legen.

Seitdem ist mir klar: Ich bin mit einer natürlichen Strahlenkanone verheiratet. Wie sonst wäre denn zu erklären, dass sowohl der TomTom wie auch der BusinessMobileNavigator tadellos funktionieren, wenn sie mit mir allein sind, aber plötzlich irre werden, wenn Katja dabei ist?

Schon lange rätselte ich, warum Computer abstürzen, wenn Katja nur in ihre Nähe kommt. Auf dem Display ihres Handys erscheinen gelegentlich seltsame, nie gesehene Zeichen. Warum zieht ihr Faxgerät immer zwei Blätter gleichzeitig ein, wenn sie es bedient, und korrekt eins nach dem anderen, wenn ich es bediene?

Katjas Computer macht, was er will, formatiert ihre Texte um, lässt Texte verschwinden, wählt sich selbständig ins Internet ein, aber kappt die Verbindung, wenn Katja reinwill. Und ich selber muss bei meinen Computern alle paar Monate Windows neu installieren. Nur Linux stürzt nie ab und scheint gegen Katja immun zu sein, was, nebenbei, ein weiteres Argument für Linux ist. Wenn wir gemeinsam fliegen, wird das Flugzeug wegen angeblicher Turbulenzen immer heftigst durchgeschüttelt. Fliege ich allein, gleitet die Maschine sanft dahin.

Ob ich es noch länger verantworten kann, Katja fliegen zu lassen? Man sollte mal eine Strahlungsmessung vornehmen bei ihr.*

Ich bin bloß froh, dass Katja den Handwärmer nie benutzt hat. Der wäre möglicherweise tatsächlich explodiert, wenn die Mikrowellen das Benzin verstrahlt hätten.

Davon abgesehen, kann ich mit meiner Großen Einheitlichen Feldtheorie mir nun endlich erklären, warum Katja immer in die falsche Richtung läuft. Ihr innerer Kompass wird von der Kraft ihrer Mikrowellen einfach umgepolt.

Auch das Rätsel ihrer kalten Hände und Füße löst sich damit auf: Für den Betrieb ihrer eingebauten Mikrowelle muss Katja so viel Energie aufwenden, dass sie innerlich auskühlt. Ihre Mikrowellen treffen hauptsächlich mich, heizen also mich auf, und darum schwitze ich so viel, womit auch dieses Phänomen erhellt ist. Und nicht nur das. Immer schon fragte ich mich, warum Katja so viel essen kann, wie sie will, aber niemals zunimmt. Jetzt weiß ich es. Die Mikrowellen verbrauchen fast alle Kalorien, die Katja in sich hineinschaufelt.

* Kann mir irgendjemand so ein Gerät schicken? Natürlich nur leihweise. Ich sende es garantiert zurück. Mit allen Messprotokollen. Obwohl, ach nein, behalten Sie Ihr Gerät. Es geht ja doch kaputt, wenn ich Katja damit messe.

Das Gegenteil ist bei mir der Fall. Selbst vom Fasten nehme ich zu. Aber sogar dieses geheimnisvolle Phänomen lässt sich mit meiner Feldtheorie restlos aufklären, weshalb sie zu Recht die Adjektive «Groß» und «Einheitlich» trägt: Das Immunsystem meines Körpers baut Fettschicht um Fettschicht auf, um mich vor Katjas Strahlen zu schützen.

Woher mein Immunsystem all das Fett nimmt, bleibt das einzige noch ungelöste Rätsel. Aber ich vermute, es kennt einen Trick, um Luft und Wasser in Fett zu verwandeln. Das werde ich auch noch herausfinden.

Ich bin also wirklich ein tragischer Fall. Fast täglich kritisiert Katja meine Figur und beschimpft mich, weil die Technik nicht funktioniert, dabei ist sie die Ursache aller Übel.

Gleich morgen früh, wenn sie wieder grundlos Schuldgefühle in mir erweckt, werde ich sie über die wahre Natur der Dinge aufklären und ihr eröffnen, dass sie eine eingebaute Mikrowelle mit sich herumträgt, die zu nichts nütze ist, außer dass sie die Geräte stört und mich dick macht. Dann werde ich sagen: Du trägst Schrott mit dir herum, gib ihn zurück.

Dann wird sie erschüttert sein über das Unrecht, das sie mir all die Jahre angetan hat, wird bittere Tränen vergießen und mich schuldbewusst fragen: «Wohin soll ich den Schrott denn bringen?»

Und ich werde sagen: «Schmeiß ihn doch am Eschborner Dreieck einfach aus dem Fenster.»

Rettet den Mann

Manchmal, wenn Katja in ihre Arbeit versunken ist und ich sie so betrachte, frage ich mich: Warum lebt sie eigentlich mit mir zusammen? Wofür braucht sie mich? Wenn ich jetzt plötzlich tot umfiele, wäre sie zwar sehr traurig, aber das Leben ginge weiter. Sie käme bestens ohne mich zurecht.

Dann grüble ich: Angenommen, es stimmt wirklich, dass uns die Frauen überlegen sind und dass wir aufgrund eines Gendefekts und der Fortschritte in der Menschenzüchterei eines Tages auszusterben drohen, die Frauen aber fröhlich weiterleben, weil sie uns zur Fortpflanzung und zum Sex nicht mehr brauchen – wenn das alles so wäre, dürften wir hoffen, dass sie aus bloßer Liebe für unser Überleben sorgten, dass sie uns pflegten und uns Überflüssige weiter durch die Zeiten schleppten?

Und wäre es ratsam, sich auf diese Liebe zu verlassen? Wäre es nicht klüger, jetzt durch intelligente Maßnahmen unserem Schicksal ein Schnippchen zu schlagen?

Beim Versuch, diese schwerwiegenden Fragen zu klären, wurde ich unterbrochen, als Katja zum 1001. Mal laut ihren Computer verfluchte und mich zu Hilfe rief. Irgendetwas, was Katja will, will der Computer nicht.

Ich erinnerte Katja an ihre unheilvolle Mikrowelle –

sie hat sie noch immer nicht entsorgt –, aber Katja sagte, dann müsse man eben Computer bauen, die gegen Strahlen immun sind.

«Vielleicht sollte man sie mit einer Fettschicht überziehen», sagte ich. Aber Katja war nicht zum Scherzen aufgelegt. Sie stand unter Zeitdruck. «Je eiliger man es hat, desto mehr Schwierigkeiten machen sie.» Und zum hundertsten Mal fragte mich Katja vorwurfsvoll, warum es eigentlich nicht möglich sei, «eine Maschine zu konstruieren, die einfach tut, was der Mensch will».

«Wenn man die Maschine richtig bedient, tut sie, was der Mensch will», antwortete ich.

«Was heißt hier ‹richtig bedienen›?», brauste Katja auf. «Sollen die Maschinen mir dienen oder ich ihnen? Mein Computer hat noch nie getan, was ich will, deiner tut auch nicht immer, was du willst, und von meinen Bekannten höre ich ebenfalls nur Klagen. Der Computer ist das Problem, dessen Lösung zu sein er vorgibt», sagte Katja.

Gleich wird sie mir wieder den Startknopf vorwerfen, dachte ich, und da kam es auch schon: «Gib doch endlich mal zu, dass diese Maschinen blöd und unbedienbar sind. Allein schon die Tatsache, dass man auf den Startknopf klicken muss, um diese Dinger auszuschalten, sagt doch alles.»

Tapfer, aber zugleich wissend, mich wieder einmal in eine sichere Niederlage hineinzuargumentieren, erklärte ich zum 1001. Mal, dass es eben Techniker und Programmierer seien, die solche Maschinen bauen, also eine Spezies, die sich systematisch das normale menschliche Denken abtrainiert hat, um mit der Logik einer Maschine zu denken. «Die haben in ihrem Leben noch nie etwas anderes kennen gelernt als die zwei Zustände ‹Strom ein›, ‹Strom aus›. Daher müssen wir, um den Computer auszuschalten, das Computer-Herunterfahr-Programm starten. Starten! Verstehst du? Deshalb müssen wir auf ‹Start› klicken.»

«Das Abschaltprogramm einschalten, um auszuschalten – auf so etwas können nur Männer kommen», pflegt Katja dann immer zu sagen. «Und nur Männer entwickeln diese sklavische Bereitschaft, sich mit solchen Unzulänglichkeiten abzufinden. Warum versucht ihr immerzu, das Funktionieren dieser Maschinen zu verstehen? Wo ihr es letztlich doch nicht ganz verstehen werdet, was dann dazu führt, dass ihr in Ehrfurcht vor ihnen erstarrt. Frauen versuchen erst gar nicht, den Computer zu verstehen, darum imponiert er ihnen auch nicht.»

Und mit dem Argument, es müsse doch möglich sein, diese absurde Maschinenlogik in normale menschliche Logik zu übersetzen, also beispielsweise dem Computer in der rechten unteren Ecke einen Ausschaltknopf zu verpassen, setzt sie mich endgültig matt.

Auch ich habe mich oft heimlich gefragt, warum ich mich meinem Computer anpassen muss, statt dass er sich mir anpasst. Jeder vernünftige Mensch würde doch, wie Katja, links unten den Startknopf und rechts unten den Ausschalt- oder Endeknopf anbringen, da hat Katja völlig Recht. Aber warum geschieht das nicht?

Jahrelang habe ich immer gedacht, dass es Bill Gates einfach wurscht ist, ob die Menschheit mit seinem bescheuerten Windows klarkommt oder nicht, Hauptsache, er kann seinen Milliarden-Dollar-Bergen jedes Jahr einen weiteren Berg hinzufügen.

Manchmal dachte ich auch, es liege vielleicht an den unvermeidlichen Kinderkrankheiten einer jungen Branche. Dann denke ich wieder, dass die störrische Bockigkeit der Maschinen unseren sportlichen Ehrgeiz anstachelt. Wir betrachten es als männliche Herausforderung, jene Probleme zu lösen, die der Computer verursacht und die wir gar nicht hätten, wenn es keine Computer gäbe.

Dann aber wurde ich eines anderen belehrt.

Eines Tages wurden mir über geheime Kanäle, über die ich hier keine genaueren Angaben machen darf, geheime Dokumente zugespielt, die belegen, dass ich Bill Gates bitter Unrecht getan habe. Diesen Dokumenten entnahm ich: Windows ist so schlecht, weil sein Schöpfer, Gates, Angst hat, auszusterben. Und ausnahmsweise denkt er bei dieser Angst nicht nur an sich selbst, sondern an alle Männer.

Deshalb, aus dieser männlichen Urangst heraus, überflüssig zu werden, hat sich Gates gegen die Frauen verschworen. Um die Unentbehrlichkeit von uns Männern für alle Zeiten zu sichern, lässt Gates die Computer so funktionieren, dass die Frauen an ihnen scheitern. Ganz bewusst hält Gates die Computer künstlich dumm, damit sie für Frauen unverstehbar und unbedienbar bleiben und für immer darauf angewiesen sind, uns Männer zu Rate zu ziehen, die aus Ehrfurcht vor der Technik und aus sportlichem Ehrgeiz versuchen, mit der eingebauten Dummheit dieser Artefakte fertig zu werden.

Wenn uns eines Tages jene Stunde schlägt, zu der wir uns für immer aus der Weltgeschichte verabschieden sollen, werden unsere Frauen sagen: Was machen wir eigentlich, wenn wir ein Computerproblem haben und alle Männer sind tot? Dann werden die Frauen das Projekt «Rettet den Mann» starten.

Wird diese Rechnung aufgehen?

Jedenfalls stimmt die Überlegung, dass normal denkende Frauen wie Katja prinzipiell unfähig sind, sich in die Logik einer Maschine hineinzuversetzen. Deshalb verzweifeln sie immer wieder vor dem Computer und rufen uns zu Hilfe.

Bei den anderen Frauen beobachte ich, dass – ähnlich wie im Fall des verstopften Klos – so gut wie jede irgendeinen «Techie» an der Hand hat, der ihr den neuen PC installiert, die nötigen Programme herbeischafft und für den Internetanschluss sorgt.

Ich bin auch so ein Techie, daher weiß ich: Wir sind knapp. So gut wie jeder von uns hat nicht nur eine Frau, sondern einen ganzen Harem zu versorgen. Katja reagiert immer, ganz wie die erste Haremsdame, grantig und eifersüchtig, wenn ich viele Stunden meiner kostbaren Zeit bei anderen Frauen verbringe, um deren abstürzende Computer wieder aufzurichten.

Aber in uns Männern ruft das Wissen, gebraucht zu werden, Glücksgefühle hervor. Und, ja, mir bricht kein Zacken aus der Krone, wenn ich an dieser Stelle einmal zugebe, dass ich Katja auch deshalb liebe, weil sie mir mit ihrer Hilflosigkeit vor dem Computer die Gelegenheit gibt, endlich einmal wieder so etwas wie männliche Überlegenheit demonstrieren zu können.

Und manchmal, wenn ihre Verzweiflung dem Wahnsinn nahe kam, ich aber die Ursache ihrer Verzweiflung mit einigen Mausklicks und etlichen Neustarts innerhalb weniger Minuten beseitigte, erntete ich sogar ihre Bewunderung. Dass ich mir diese Bewunderung auch von vielen anderen hilflosen Frauen ganz legal und ohne alle Heimlichkeit holen darf, daraus sauge ich ein hohes Maß an Lebenszufriedenheit.

Die Kehrseite ist, dass wir Techies dafür gnadenlos ausgebeutet werden von den Frauen.

Neulich, beispielsweise, war unsere Freundin Barbara der Meinung, dass sie unbedingt so eine Diktiersoftware haben müsse, die gesprochene Wörter in den PC tippt und einem das mühsame Hacken auf der Tastatur erspart. «Nie mehr tippen, einfach nur diktieren», hatte Barbara gesagt, «das will ich haben.» Ja, Barbara diktiert gerne.

Eines Tages hatte sie sich so ein Programm gekauft und mir auf meinen Anrufbeantworter diktiert, dass ich sofort zu kommen habe, um ihr «bei der Installation behilflich zu sein» – was ein ziemlicher Euphemismus ist. Ihr «behilflich sein» besteht darin, dass sie mir das Zeug auf den Tisch knallt und sagt, sie gehe jetzt in die Stadt, um noch ein paar Besorgungen zu machen.

Nach acht Stunden – ich hatte inzwischen das Programm installiert, aber das Mikrophon hat nicht gleich funktioniert, deshalb musste ich den Computer aufschrauben, die Soundkarte ausbauen, darauf eine Steckbrücke umstellen, einen Kondensator umlöten, außerdem die ISDN-Karte deaktivieren, die Handbücher konsultieren, mich in den Computer mit seinem sensiblen Zusammenspiel von Interrupts, DMA-Kanälen und IRQ-Plätzen einfühlen. Und zuletzt musste Barbara 254 Übungssätze in abgehackter Sprechweise aufsagen, um das Programm an ihren Sprachduktus zu gewöhnen –, acht Stunden später also fing Barbara an, ihrem Computer zu diktieren. Und tatsächlich: Auf dem Monitor erschienen wie von Geisterhand geschriebene Zeichen, sobald sie zu sprechen begann.

Einen richtigen Sinn ergaben die Zeichen nicht. Barbara eliminierte das Sinnlose und korrigierte das falsch Verstandene, hatte dann dreimal so lange gebraucht, wie wenn sie gleich alles selber getippt hätte, aber ist sich sehr fortschrittlich vorgekommen.

In der Computerindustrie rast der Fortschritt in Tausendmeilenstiefeln exponentiell voran, behaupten deren Manager und gießen diesen Vorgang in den Spruch: «Wären Autos im letzten Jahrzehnt so schnell entwickelt worden wie Mikrochips, dann wögen diese Autos heute 50 Gramm, rasten mit 5000 Kilometern pro Stunde durch die Gegend, kämen mit einer Tankfüllung bis zum Mond und kosteten knapp zweieinhalb Euro.»

Leider kann man damit nur Männern imponieren. Katja würde sofort fragen, ob sie in einem 50-Gramm-Auto noch Platz hätte, auf welcher Autobahn sie 5000 Kilometer pro Stunde fahren könnte, dass sie das auch gar nicht möchte, und was sie eigentlich auf dem Mond soll, wenn es dort nicht mal eine Boutique gibt, und dass es wahrscheinlich verheerende ökologische Folgen hätte, wenn jeder Depp für zweieinhalb Euro mal eben zum Mond rasen könnte.

Andererseits ist nicht zu leugnen: Als es losging mit

der Computerei, verarbeiteten die Mikrochips gerade mal ein paar tausend Instruktionen pro Sekunde, heute sind es hundert Millionen, demnächst eine Milliarde, und es werden immer noch mehr, weshalb so Leute wie Bill Gates verheißen, dass wir immer schneller immer mehr Zeit sparen und unsere Produktivität ins Gigantische steigern.

Katja würde daraufhin sofort fragen: Warum aber bemerken wir im Alltag vom Wirken der rasenden Rechner so wenig?

Dann würde sie aufzählen: In den Fluren und Warteräumen unserer vollcomputerisierten Behörden, Ämter und Arztpraxen vergeudet man heute noch genauso viele Stunden wie vor 25 Jahren. Wer Geld vom Finanzamt zurückzubekommen hat, fragt sich, ob's nicht schneller ginge, wenn dort mit dem Abakus gerechnet würde. Die Schlangen vor den elektronischen Kassen der Supermärkte sind so lang wie vor einem Vierteljahrhundert. Die Warterei auf Kino-, Konzert- und Theaterkarten, Tickets der Bahn und Fluglinien hat einem noch kein Computer verkürzt.

Und obwohl die Banken inzwischen gerichtlich gezwungen wurden, Aufträge so schnell wie möglich zu erledigen, dauern Überweisungen so lange wie im 19. Jahrhundert, und Katja würde fragen: Was passiert eigentlich mit der vom Mikroprozessor gewonnenen Zeit?

Und ich würde antworten müssen: Die Zeit wird, kaum dass sie gewonnen ist, gleich wieder totgeschlagen. Von Bill Gates. Wann immer der Chip-Gigant Intel einen neuen Prozessor auf den Markt wirft und verspricht, dieser arbeite doppelt so schnell wie der Vorgänger, dauert es nur wenige Monate, bis Bill Gates ein neues Betriebssystem nachschiebt, das genau diese Mehrleistung wieder auffrisst.

Wir wissen nun, warum Gates das tut.

Was Sie aber noch nicht wissen, ist, dass es vergeblich sein wird, das zu tun. Gates Plan ist zum Scheitern verurteilt. Daher wird es wohl darauf hinauslaufen, dass das Projekt «Rettet den Mann vor dem Aussterben» auf mich zuläuft.

Das wurde mir bewusst, als ich wieder einmal wegen der Computer eine jener fruchtlosen Diskussionen mit Katja hatte. Katja schimpfte über die Programmierer, unterstellte ihnen, heimlich stolz darauf zu sein, dass sie wie Maschinen denken können. «Einen Grund, wirklich stolz zu sein, hätten sie aber erst dann, wenn sie es verstünden, Maschinen zu bauen, die wie Menschen denken können», sagte Katja.

Und da fiel mir ein, dass das ja bereits geschieht. Es gibt eine zweite Gruppe von Computerfuzzys, die nicht, wie Gates, den Computer künstlich dumm zu machen versuchen, sondern daran arbeiten, ihn künstlich intelligent zu machen. Auch diese zweite Gruppe verfolgt heimlich das Ziel, das Überleben der Männer zu gewährleisten.

Offiziell erklären sie ihr Vorhaben als Erforschung der Künstlichen Intelligenz (KI), und als offizielles Ziel nennen sie die «Mindmachine», intelligente Roboter, welche für uns arbeiten und uns endlich jene schon von Karl Marx erfundene Freizeitgesellschaft bringen, in der wir nach Lust und Laune morgens fischen, mittags jagen, abends kritisieren und nie mehr arbeiten müssen, weil das die «Mindmachines» für uns tun.

Tatsächlich geht es den KI-Leuten aber um etwas anderes. Ihre Idee ist, dass die vom Aussterben bedrohten Männer vor dem endgültigen Ableben ihre Software, also den Inhalt ihrer Gehirne – all ihr Wissen, ihre Erinnerungen, Fähigkeiten, Fertigkeiten und Kenntnisse –, auf Festplatten oder sonst eine Speicherart übertragen.

Diese Speicher, so sieht der Plan vor, sind Teil einer computerisierten Maschine oder eines Roboters, die dann durch die Übertragung vom Gehirn auf die Maschine quasi verlebendigt und beseelt werden. Auf diese Weise könnten Männer ewig weiterleben, solange ihnen nur niemand den Strom abdreht.

Damit bei diesem Übergang das typische Menschen-Feeling nicht verloren geht, muss natürlich für eine entsprechend aufwendig konstruierte Hard- und Software gesorgt werden.

Die Idee ist jedoch aus mehreren Gründen zum Scheitern verurteilt. Der erste Grund: Die Urheber dieser Idee bekommen nicht die dafür nötige hochintelligente Technik, denn diese wird hauptsächlich von so Leuten wie Bill Gates geliefert, den Spezialisten der Künstlichen Dummheit.

Der zweite Grund: Die Gates-Fraktion hat mitbekommen, dass auf der Agenda der Intelligenz-Fraktion auch das Projekt «Intelligenter Haushalt» steht, welches vorsieht, dass Haushaltsroboter das Regiment zu Hause übernehmen, wo sie mit größter Umsicht, hoher Sorgfalt und durchdachten Konzepten vollautomatisch putzen, waschen, kochen, bügeln, einkaufen.

Damit wäre der wichtigste Liebestöter, der größte die Ehen der westlichen Welt gefährdende Faktor aus der

Welt geschafft. Die philosophischen Grundfragen unserer Zeit – wer kocht, wer wäscht, wer putzt – wären ein für alle Mal beantwortet.

Aber genau das, die Eliminierung dieses destabilisierenden Faktors jeder Ehe, wollen Gates und Konsorten um jeden Preis verhindern, weil sie, nicht zu Unrecht, messerscharf argumentieren: Wenn sich keine Frau mehr um die Kocherei, die Wäsche und den Dreck zu Hause kümmern muss, kümmern sie sich um anderes, vielleicht sogar um die Entwicklung von Computersoftware.

Dann programmieren sie ein Zeug zusammen, das Computer möglicherweise wirklich zu nützlichen Gliedern der Gesellschaft und obendrein auch für Frauen bedienbar macht, und dann sind wir Männer schon wieder überflüssig.

Darum muss alles getan werden, um das Projekt Künstliche Intelligenz und erst recht das Unterprojekt «Intelligenter Haushalt» schon im Keim zu ersticken. Bisher ist das hervorragend gelungen. Bisher haben sie die KI-Leute sehr erfolgreich ausgebremst und sind dabei sogar noch reich geworden.

Es gibt aber noch ein drittes Problem, und das sind die Intelligenzler selbst. Da sie eine beklagenswert primitive Vorstellung von menschlicher Intelligenz haben, sind auch die Intelligenzleistungen ihrer Maschinen ziemlich primitiv. Deshalb kamen die KI-Forscher während der letzten fünfzig Jahre nur langsam voran, und heute müssen sie zugeben: Computer, die jeden Text in jede beliebige Sprache adäquat übersetzen; die menschenleere Fabrik, in der ein sich selbst steuernder Prozess Einzelteile zu einem Ganzen zusammenfügt; Autos, die sich selbständig durch jedes Verkehrschaos manövrieren; Computer, die dichten, malen, komponieren – es gibt sie nicht.

Und Roboter, die im Haushalt putzen, waschen, bügeln, gibt es schon gar nicht. Leider. Was es gibt, sind Windows-Computer, die regelmäßig abstürzen. Noch immer haben Computer weniger Verstand als ein Sack Bohnenstroh, und dass das noch lange so bleiben wird, dafür sorgen die Leute um Bill Gates.

Einige intelligentere Vertreter aus beiden Fraktionen haben das inzwischen auch schon eingesehen und deshalb einen dritten Plan entwickelt. Dieser Plan fußt auf der Nanotechnologie, die ihren Namen vom Nanometer hat, das ist ein milliardstel Meter. Auf einem Nanometer passen gerade noch zehn Atome nebeneinander. Und mit Hilfe der Nanotechnologie wollen die Wissenschaftler Atome verschieben, Moleküle zerreißen und, wie mit einem Legokasten, nach Belieben so zusammensetzen und miteinander verknüpfen und verschachteln, dass ganz neue Strukturen entstehen, welche in der Natur nicht vorkommen.

Dann können wir das, was die Natur kann, auch, und möglicherweise sogar noch mehr, zum Beispiel die Männer vor dem Artentod bewahren. Unser Y-Chromosom verkürzt sich unentwegt? Nanotechniker werden es in die Länge ziehen. Unser Y-Chromosom verliert wertvolle Ressourcen und Erbeigenschaften? Nanotechniker werden den Verlust wettmachen. Unser Y-Chromosom macht uns zu Wesen, die weiblichen Wesen unterlegen sind? Wir bauen das Y-Chromosom zu einem Superchromosom um, das uns zu Übermenschen macht, das uns in die Lage versetzt, die verloren gegangene Herrschaft über die Frauen wieder neu zu errichten!

Merken Sie was? Hier ist die Cloppenrath-Fraktion am Werk. Herrschen oder beherrschtwerden, gewinnen oder verlieren, Hammer oder Amboss sein – etwas anderes können sich die Cloppenraths dieser Welt nicht vorstellen.

Es ist auch typisch Cloppenrath, sich für jedes Problem dieser Welt eine technische Lösung auszudenken.

Das Problem aber, das die Männer mit den Frauen haben, ist kein technisches, sondern ein politisches. Politische Probleme kann man nur politisch lösen.

Ja, gut, werden Sie jetzt sagen, aber wie denn?

Nun, da gibt es drei Möglichkeiten, eine dumme, eine mäßig intelligente und eine intelligente. Die dumme Lösung hatten wir schon, die Cloppenrath-Lösung. Herrschen über die Frau, deren Interessen einfach ignorieren. Dumm ist diese Lösung schon deshalb, weil die Frauen nicht mehr so dumm sind, sich das gefallen zu lassen.

Die mäßig intelligente Lösung lautet: Soll die Frau für ihre Interessen kämpfen und mich um die meinen kämpfen lassen, aber nicht verlangen, mich für die ihren einzusetzen, noch dazu auf meine Kosten. Nur mäßig intelligent ist diese Lösung, weil dann das ganze Leben zwischen Mann und Frau zu einer einzigen großen Verhandlungssache ausartet. Wenn du putzt, dann spüle ich, wenn du das tust, tu ich das und so weiter. Und am Ende zieht derjenige, der über weniger Verhandlungsgeschick oder die schwächeren Nerven verfügt, dann doch den Kürzeren.

«In der Ehe ist für gewöhnlich immer einer der Dumme», hat George Bernard Shaw einmal gesagt, «nur wenn zwei Dumme zusammenkommen, das kann mitunter gut gehen.» Sie müssen aber wirklich gleich dumm sein, was selten vorkommen wird.

Daher plädiere ich für den intelligenten Egoismus, der weiß, dass er aus guten Beziehungen zum Gegner am meisten Gewinn zieht. Also wird er um kurzfristiger Vorteile willen nicht seine langfristigen Interessen aufs Spiel setzen, die Interessen des Gegners mitbedenken und nach Möglichkeit realisieren. Kurz: Er wird eine Friedens- und Entspannungspolitik einleiten. Und genau das wird meine Aufgabe sein.

Wie das gehen soll? Ach, ich hatte da neulich so eine Vision.

Eine Männerdämmerung

Ist es recht, als Mann von der Frau entthront zu werden? Sollen Männer und Frauen gemeinsam herrschen? Oder soll jetzt der Mann dem Weibe untertan, die Frau das Haupt des Mannes sein?

Ich sehe durchaus die Lächerlichkeit der Rollen, die uns nun von gewissen Frauen zugewiesen werden. Wir fangen als Tellerwäscher an und werden als Tellerwäscher enden. Da tun sich tausend Fragen auf, aber keine endgültig wahre Antwort.

Jedenfalls bis gestern war das so. Dann aber geschah ein Wunder, und ich bekam meine Fragen von höchster Stelle beantwortet. Seitdem sehe ich wieder klar und stehe wie eine Eins.

Aber wenn ich jetzt einfach erzählen würde, wie das zuging und wie die Antworten lauten, würden Sie mir nicht glauben. Darum muss ich die Geschichte von Anfang an erzählen. Sie werden dann erkennen, dass der Weltgeist selber seine Hand im Spiel hatte. Dabei bediente er sich Giovannis und Katjas als nützlicher Idioten.

Fangen wir mit Giovanni an. Ihn interessieren die Fragen, die wir soeben verhandelt haben, nur mäßig. Er wolle von mir kein Buch über diese «verstaubte Mann-Frau-Ideologie», sagte er, sondern ein Buch, das den Weg aus den Beziehungskrisen weist, das Frieden herbeiführt zwischen Mann und Frau.

Vor allem aber wollte er jetzt endlich einmal ein Exposé haben, erste Kapitel sehen und ein wie auch immer geartetes Konzept. Ich hatte nichts dergleichen, hatte nicht einmal einen Einfall, klagte abends Katja mein Leid, aber wie immer, wenn ich sie einmal brauche, musste sie noch arbeiten, telefonieren, ihre E-Mails beantworten.

Wenn mir nichts einfällt, hilft es oft, eine Flasche Bier zu trinken. An jenem Abend half das Bier nicht. Aber manchmal kommen die Einfälle, wenn ich dem Bier eine Flasche Roten oder Weißen hinterherschicke. An jenem Abend half der Wein nicht.

Das letzte Mittel, die Einfälle mit dem Geist einer Birne herbeizuzwingen, half diesmal ebenfalls nicht. Als ich merkte, dass nun nichts mehr half, tröstete ich mich mit einer weiteren Birne, und aus Gründen der Vollständigkeit und meiner Sympathie für Trinitäten nahm ich noch eine dritte, wankte ins Bett und hoffte, am nächsten Tag von der Muse geküsst zu werden.

So dämmerte ich hoffend in den Schlaf und wurde geküsst – leider nur von Katja. Mit Zeitungsgeraschel und ihrem Kuss hat sie mich in den Vordämmerzustand zurückgeholt.

Ich war sehr, sehr müde. Ich sollte ein eigenes Schlafzimmer haben, dachte ich.

«Ich hab etwas für dich», sagte Katja, «vielleicht kannst du's für dein Buch gebrauchen. Giovanni will doch von dir wissen, was Ehen stabil macht und warum manche Frauen trotzdem ihre Männer lieben, und gerade heute steht darüber etwas in der Zeitung.»

«Leg sie mir irgendwohin», brummte ich, «ich lese sie morgen, und außerdem», brummte ich weiter, «bringst du da was durcheinander. Die Männer sind es, die ihre Frauen trotzdem lieben, nicht umgekehrt.»

Katja, frisch und munter, als würde sie gerade nach erquickendem Schlaf aufstehen, ging nicht darauf ein und textete mich einfach zu. Das muss auch mit ihrer Strahlung zusammenhängen. Immer kommt sie abends müde und ausgepowert nach Hause, sagt den Standardsatz, heute müsse sie aber gleich nach dem Essen sofort ins Bett.

Aber kaum, dass sie isst und trinkt, füllen sich ihre Batterien, blüht sie auf, würde nach dem Essen am liebsten noch einmal aufbrechen und mich durch die Mainzer Kneipen und Kinos schleppen oder mit mir nach Frankfurt fahren.

In meine bleierne Müdigkeit hinein hörte ich Katja sagen: «Walter Bien vom Deutschen Jugendinstitut in München sagt, die lebenslange Bindung werde heutzutage so sehr mit Ansprüchen und Projektionen überfrachtet, dass der Alltag der Wunschvorstellung kaum standhalten könne.»

Ich verstand nichts, nur das Wort «Jugendinstitut» blieb irritierend hängen und ließ mich stumm fragen, was denn die Jugend mit meiner alten Ehe zu tun hat.

Katja redete unterdessen aus dem Badezimmer heraus weiter, und ich hörte sie sagen: «Siehst du, da hast du das Geheimnis unserer Ehe. Weil ich unsere Beziehung nicht mit Projektionen überfrachte und keinerlei Ansprüche an dich stelle, ist unsere Ehe stabil.»

Jetzt hatte ich verstanden. Auch wegen solcher Sätze brauche ich dringend ein eigenes Schlafzimmer. Immer wenn ich am schwächsten bin, wenn ich müde und matt darniederliege, den Tag als Niederlage abhake, weil mir abermals nichts eingefallen ist und ich nur noch schlafen möchte, peinigt mich Katja mit solchen Provokationen, die ich wegen versiegender Kräfte nicht mehr zurückweisen kann.

Es verhält sich nämlich, und Sie werden das schon geahnt haben, genau umgekehrt in unserer Ehe. Ich bin der einfache und anspruchslose Part, und Katja gehört zu den anspruchsvollsten und kompliziertesten Menschen, die ich kenne. Aber ich fand in jener Nacht nicht mehr die Kraft zum Widerspruch.

Katja hingegen verfügt jede Nacht über die Kraft, sich stundenlang ihren Dusch- und Badeorgien vor dem Zubettgehen hinzugeben. Mir rauben diese kultischen Handlungen den Schlaf, denn sie sind von Geräuschen begleitet, die als Lärm zu empfinden ich mir auch nach zwanzig Jahren Ehe noch nicht abgewöhnen konnte.

Wenn Katja dabei wenigstens schwiege, könnte ich wahrscheinlich trotzdem einschlafen. Aber stets werden diese Geräusche von Katjas Erzählungen begleitet. So auch jetzt.

«Weißt du eigentlich, wie viele Ehen jährlich in Deutschland in die Brüche gehen? Schon jede dritte endet vor dem Scheidungsrichter. Die Zahlen streben seit Jahren von Höchststand zu Höchststand. Und weißt du, was traurig ist: dass schlechte Zeiten die Menschen nicht mehr zusammenschweißen, sondern auseinander bringen», sagte Katja und fuhr fort: «Krisenzeiten sind Scheidungszeiten.» Geldsorgen wirkten oft wie ein Funken am Pulverfass.

Der heimliche Wunsch nach einem Neuanfang werde in die Tat umgesetzt, weil das Verlustrisiko plötzlich geringer erscheine als der potenzielle Gewinn von Freiheit, Selbstbestimmung und neuen Lebenschancen.

Auch ich mache gerade eine Krisenzeit durch, dachte ich, aber ich möchte mich nur nachts von Katja scheiden lassen, nur nachts sollte man sich trennen. Man ginge keinerlei Verlustrisiko ein, aber gewönne alles: Freiheit, Selbstbestimmung, Schlaf.

Katja hörte nicht auf zu reden, sprach mit lauter Stimme: «Siehst du, auch das ist ein Grund für die Berufstätigkeit der Frau. Du kannst nur froh sein, dass ich so gut verdiene, über Geld haben wir uns noch nie streiten müssen.»

Ich stöhnte leise.

«Hörst du mir eigentlich zu?», tönte es aus dem Badezimmer.

«Nein», rief ich mit letzter Kraft ins Bad, «ich schlafe bereits, möchte in meinem Schlaf nicht gestört und schon gar nicht mit den Weisheiten der deutschen Soziologie und Familienforschung behelligt werden!»

Nun kam sie aus dem Bad und sagte: «Was hast du denn? Ich wollte dir doch nur zu einer Idee für dein Buch verhelfen. Das ist wirklich interessant, was hier steht, und passt genau zu deinem Thema. Zum Beispiel hat der Kölner Soziologe Michael Wagner herausgefunden, dass nicht alle Verheirateten das gleiche Risiko einer Trennung haben. Ehen, die vor dem 21. Lebensjahr geschlossen wurden, seien besonders risikobehaftet. Jedes Lebensjahr mehr bei der Heirat senke die Scheidungsträchtigkeit um etwa vier Prozent.»

Dann wäre ja das ideale Heiratsalter ab 46 aufwärts, dachte ich, aber sagte nichts.

«Auch der Wohnort spielt eine Rolle», sagte Katja. «Auf dem Land bleiben Eheleute länger zusammen als in der Stadt.»

Soll ich nach Tuntenhausen ziehen, nur um meine Ehe zu stabilisieren? Man sollte lieber mal untersuchen, wie steil die Ehestabilität anstiege, wenn der Mann nachts in sein eigenes Schlafzimmer zöge.

Katja ahnte nichts von meinen Gedanken, war jetzt beim Soziologen Dorbritz, der herausgefunden hat, dass die Scheidungswahrscheinlichkeit auch dann steigt, wenn der Altersabstand zwischen den Partnern sehr groß, der Bildungsabschluss sehr verschieden ist oder man vor der Heirat nur kurz zusammengelebt hat.

Und um auf solche Binsenweisheiten zu kommen, beschäftigen wir ausgewachsene Soziologen? Die Herumforscherei in Deutschland müsste mal dringend auf ihren Erkenntniswert überprüft werden. Allzu viele Forscher verpulvern meine Steuern, um Dinge zu beweisen, die ich längst weiß.

Katja erzählte vom Mannheimer Familiensoziologen Hartmut Esser, von dem sie zu berichten wusste, dass die Paare heute schon wegen Kleinigkeiten hysterisch reagierten und einfach auseinander sprängen.

Weiß ich auch schon lange. Haben keinen Durchhaltewillen mehr, die Leute, kein Stehvermögen mehr, schwache Nerven.

Auch mein Durchhaltewillen neigte sich dem Ende zu, besonders als Katja erzählte, dieser Esser meine, dass das, was zwei Menschen zusammenhält, ab sofort «Framing» heißen solle. Framing sei der «gemeinsame Rahmen», in dem sich eine Ehe bewegt. Das ist eigentlich zum Auseinanderspringen, aber auf so etwas springt Katja immer sofort an.

Begeistert dozierte sie: «Je ähnlicher das mentale Bild der Familie bei den Eheleuten, das sich im Lauf des Lebens dann noch ineinander verzahnt, desto höher die Wahrscheinlichkeit einer lebenslangen Ehe. Diese Übereinstimmungen, zu denen zum Beispiel der gemeinsame Kinderwunsch, der gleiche Geschmack oder ähnliche weltanschauliche Einstellungen zählen, bringen unzertrennliche Paare schon von vornherein mit.»

Das starke Framing mache sie gewissermaßen immun gegen Krisen, Schicksalsschläge und negative Einflüsse von außen, fuhr Katja fort zu dozieren. Schwach geframte Paare, sie sagte wirklich «schwach geframt», habe es natürlich auch früher schon gegeben, aber sie seien mangels anderer Möglichkeiten – gesellschaftlich wie finanziell – zusammengeblieben. Heute fielen die schwach Geframten aus dem Rahmen.

Ich plädiere für die Institutionalisierung eines Anglizismus-Beauftragten, der jeden neu in die Welt gesetzten Anglizismus darauf prüfen soll, ob er wirklich nötig sei. Wer Wörter wie Framing oder Xmas benützt, soll mit Gefängnis nicht unter drei Jahren bestraft werden.

Ich hörte Katja lachen. Lacht sie mich aus? Kann sie meine Gedanken erraten? Nein, sie war jetzt wieder beim fleißigen Bien, unserem Mann vom Jugendinstitut. Der habe gesagt, dass sich die meisten Scheidungswilligen ein falsches Bild von den Folgen ihres Handelns machten. Sie glaubten wie die Kinder an den Spruch, «beim nächsten Mal wird alles besser», erhofften sich vom Partnerwechsel das ganz große Glück, anstatt die Krise zu meistern und die Beziehung danach auf einem höheren Niveau fortzuführen.

«Tatsächlich gleichen die Wechsel meistens nur dem Wechsel vom Regen in die Traufe, und darum ergeht es jetzt immer mehr Leuten» – und an dieser Stelle lachte Katja laut auf – «wie dem Mann, dessen fünfte Ehe gerade gescheitert ist und der überrascht feststellt, dass er genauso gut auch bei der ersten Frau hätte bleiben können.»

Das wird wohl so sein, dachte ich, wahrscheinlich spielt sich jetzt überall auf der Welt das Gleiche ab: Die Männer wollen schlafen und können nicht, weil ihre Frauen auf sie einreden. Zu einer anderen zu wechseln wäre völlig zwecklos.

Walter Bien, sagte Katja, plädiere für ein realistischeres Bild von der Ehe und frühe Aufklärung schon in der Schule. Für viele Standardprobleme gebe es Standardlösungen, wenn die Partner sie nur kennten und zuließen.

Eine der besten Standardlösungen für viele Standardprobleme ist das getrennte Schlafzimmer, denke ich, es würde schwach geframte Paare stark framen.

Katja hatte mir offensichtlich alles mitgeteilt, was sie in dem Artikel gelesen hatte, war jetzt plötzlich still, kam ins Bett und schnappte sich ihr Buch. Endlich Ruhe.

Zumindest fast. Erst kommt noch die obligatorische Frage, ob ich nicht auch mal wieder ein Buch lesen möchte. Darauf antworte ich nur mit einem Stöhnen, und während Katja raschelnd ihre Buchseiten umblättert und der Schein ihrer Leselampe direkt auf meine Augen fällt, schlafe ich friedlich ein.

Wehe aber, es ist umgekehrt, wehe, ich lese noch, und Katja will schlafen. Dann erteilt sie mir genaue Anweisungen, wie ich die Lampe zu drehen habe, damit kein Schimmer auf ihr Gesicht fällt. Meistens lese ich deshalb fast im Dunkeln und ruiniere mir die Augen. Und bei jeder Seite, die ich behutsam umblättere, beschwert sie sich über den «Lärm», den ich mache.

Schließe ich sachte mein Buch und lege ich es behutsam auf den Nachttisch, ermahnt sie mich, dies doch bitte geräuschlos zu tun. Auch das Löschen des Lichts hat geräuschlos zu erfolgen. Drehe ich mich auf meine Einschlafseite, sagt sie, ich solle mich doch nicht so «herumwerfen» und endlich «aufhören, so ein Getöse zu machen».

Deshalb stöhne ich nur, wenn Katja fragt, warum ich nicht läse. Darum wirft mir Katja vor, ich täte nichts für meine Bildung, sei ein schlechtes Vorbild für unsere Kinder, und überhaupt empfinde sie meine Gewohnheit, mich einfach ins Bett zu legen und sofort einzuschlafen, als Provokation.

Wiederum hält sie es für völlig normal, dass sie nur bei heruntergelassenen Rollläden einschlafen kann, weil es draußen durch die «Lichtverschmutzung» zu hell ist. Außerdem würde sie morgens zu früh aufwachen, wenn das Tageslicht hereinkäme. Ich hingegen wache zu spät auf, wenn das Tageslicht nicht hereinkommt, was sie mir als eigensinnige Bosheit auslegt.

Zu unterschiedlich entwickeln sich die Schlafgewohnheiten von Mann und Frau, wenn sie älter werden. Dennoch könnten einer Ehe, die in die Jahre kommt, noch viele schöne Jahre bevorstehen, wenn sich die Ehepartner nächtens schieden.

Und doch frage ich mich, ob mir jenes entscheidende Erlebnis, von dem ich jetzt berichten muss, auch beschieden worden wäre, wenn ich damals, geschieden von Katja, in einem eigenen Schlafzimmer geruht hätte.

Als Katja nämlich schwieg, sank ich sofort in tiefen Schlaf und begann lebhaft zu träumen. Eine dichte birnenförmige Wolke erschien mir, und aus dieser Wolke sprach jemand zu mir: «Höre, Harry, du Knecht Gottes, ich bin der Herr dein Gott und habe seinerzeit völlig verschwitzt, meinem Knecht Moses das zwölfte Gebot mitzugeben, als er vom Berge Sinai hinunter zum Volke stieg. So nimm du es und geh hin und steige hinab und verkündige allem Volke das zwölfte Gebot.»

Ich erschauderte, denn ich wusste sofort, dass es wirklich Gott selbst ist, der zu mir spricht. Wäre es irgendein anderer gewesen, hätte er mir aufgetragen, das elfte Gebot entgegenzunehmen.

Zufällig weiß ich aber, dass Gott schon seinem Knecht Gernhardt vor Jahren aufgetragen hatte, das elfte Gebot zu verkünden. Es lautet übrigens «Du sollst nicht lärmen» und hat sehr strenge Ausführungsbestimmungen. Zum Beispiel heißt es darin, ein Gräuel seien Gott die Flugzeuge und Hubschrauber, daher werde er alle abstürzen lassen, sobald auch nur ein Ruhegestörter ausruft: «Ruhe da oben!», und es kehrt nicht sogleich Ruhe ein. Rettungshubschrauber werde Gott nicht abstürzen lassen. Transportiert aber der Rettungshubschrauber jemanden, den er hat abstürzen lassen, weil er gelärmt hat, so wolle Gott auch den Rettungshubschrauber abstürzen lassen.

So streng waren die Lärmvorschriften, die Gott seinem Knecht Gernhardt aufgetragen hatte zu verkünden, und nun hatte er mich erwählt, das zwölfte Gebot zu verkünden, und ich erwartete es mit großer Spannung.

Und Gott sprach also: «Höre, mein Knecht Harry, was als zwölftes Gebot längst auf Erden hätte gelten sollen: Du sollst deinen Mann oder dein Weib nicht am Einschlafen hindern!»

Das gefiel mir außerordentlich. Gott hatte eine gute Wahl getroffen, als er sich entschied, mir die Verkündung des zwölften Gebots aufzutragen. Nun wartete ich auf die Ausführungsvorschriften, und schon sprach Gott: «Spricht ein Weib des Nachts zu seinem Manne, obwohl es sieht, dass er dringend des Schlafes bedarf, so soll es unrein sein bis zum nächsten Morgen.

Spricht es aus dem Badezimmer zu seinem Mann, während es reinigende Bäder nimmt, so soll auch das Badezimmer unrein sein bis zum nächsten Morgen, dazu alle Utensilien, mit denen die Weiber gemeinhin die Bäder zu verstopfen pflegen. Spricht gar ein Weib zu einem Mann provozierende Sätze in der Nacht, da dieser sich nicht mehr dagegen wehren kann, weil er rechtschaffen müde ist von des Tages Arbeit, so soll das Weib des Todes sterben. Solche Weiber aber, die ihre Männer immerzu jede Nacht daran hindern, rechtzeitig einzuschlafen, sind mir ein Gräuel und sollen nicht am Leben bleiben.»

Dass Gott immer gleich so übertreiben muss, dachte ich. Schon reute es mich, als Gottesknecht erwählt worden zu sein, als Gott weitersprach: «Reut es einen Mann, sein Weib wegen nächtlichen Geredes sterben zu sehen, so soll er seinem Weibe vorschlagen, sich des Nachts zu scheiden, um sich des Morgens wieder friedlich zu vereinen.»

Ich war erleichtert, wollte nun die restlichen Eheschlafvorschriften entgegennehmen, um mich dann auf den Weg zu machen, spürte aber plötzlich einen heftigen Schlag von der Seite in meinen Lenden.

Ich erwachte und hörte Katja sagen: «Du schnarchst.»

Immer träumt Katja, dass ich schnarche, immer schlägt sie in ihren Träumen wie wild um sich und spricht dazu die schrecklichen Wörter «du schnarchst», meistens ergänzt um die Worte, «weil du wieder so viel getrunken hast. Trink doch nicht immer so viel.» Auch deshalb werde ich gleich morgen früh die nächtliche Scheidung einreichen. Außerdem hat sie mir einen wunderbaren Traum vermasselt.

Manchmal gelingt es mir, mich in einen unterbrochenen Traum zurückzuträumen. Ob es mir auch diesmal wieder gelingt? Nein, ich bin wach, wach vor Ärger und doch zugleich sterbensmüde, schlafe irgendwann aber doch wieder ein, und da, plötzlich, höre ich den Ruf erneut an mich ergehen. Von hinten ertönt das Wort: «Harry?»

Da stand ein Engel und sprach: «Ich bin der Erzengel Gabriel. Ich soll dir sagen, dass du auf den Großen Feldberg steigen und dort eine Botschaft von Gott entgegennehmen sollst.»

«Ah ja», sagte ich, «das zwölfte Gebot. Ich werde mich sogleich auf den Weg machen.»

Und ich stieg hinauf auf den Gipfel des Großen Feldbergs, und alsbald sah ich dort einen brennenden Birnbaum. Aus dem Feuer hörte ich eine Stimme sagen: «Harry, mein Knecht Harry, trete näher zu mir!»

«Hier bin ich, o Herr», sagte ich, schwer atmend. «Ich weiß, es geht ums zwölfte Gebot, wir sind vorhin unterbrochen worden.»

«Um was soll es gehen?», sprach die Stimme.

«Ums zwölfte Gebot», antwortete ich. «Hattest du mir nicht gerade eben auftragen wollen, dem Volk dein zwölftes Gebot zu überbringen?»

«Zwölftes Gebot?», sprach die Stimme. «Was redest du da für einen Unsinn. Bist du im Delirium? Was für einen Idioten hat mir Gabriel da geschickt! Es gibt kein zwölftes Gebot.»

«Auch kein elftes?», fragte ich.

«Auch kein elftes», sprach die Stimme. «Kannst du mir endlich erklären, was das soll und warum du immerzu von Geboten redest, die ich nie erlassen habe?»

«Dein Knecht Gernhardt behauptet, du …»

«Gernhardt? Gernhardt?», unterbrach mich die Stimme. «Etwa dieser Frankfurter Dichter, der mit loser Zunge lästerliche Reden über mich führt?»

«Ja, der», sagte ich, «der behauptet, du habest ihm vor Jahren aufgetragen, dem Volk das elfte Gebot zu verkünden, und er hat's verkündet.»

«Diese Ratte», sagte die Stimme.

«Gernhardt hatte nie einen Auftrag?», fragte ich.

«Nie», sagte die Stimme.

«Na, wenn ich den wieder treffe, dem werd ich was erzählen», sagte ich. «Aber erkläre mir, mit wem ich soeben gesprochen habe», fuhr ich fort, «ich begegnete einer Wolke, aus der eine Stimme behauptete, Gott zu sein und mir das zwölfte Gebot zu verkünden. Und neulich ist mir sogar die Jungfrau Maria erschienen. War das vielleicht auch jemand anderes?»

«Weiß der Teufel, mit wem du da geredet hast», sprach die Stimme aus dem Feuer, «ich war es jedenfalls nicht, mein Sohn und der Heilige Geist können es auch nicht gewesen sein, denn wir haben vor mindestens tausend Erdenjahren vereinbart, grundsätzlich niemandem mehr zu erscheinen, weil uns das hoffärtig-dummstolze Gehabe derer, denen wir früher mal erschienen sind, auf die Nerven geht. Maria macht so etwas eigentlich auch schon lange nicht mehr. Vielleicht hast du einfach nur zu viel Birnengeist getrunken.»

«Und wer bist jetzt du?», fragte ich.

«Na, wer soll ich schon sein? Gott bin ich, das müsstest du doch längst gemerkt haben.»

«Wie soll ich wissen, dass du Gott bist?»

«Hebe diese Wurzel von der Erde auf, nimm sie in die Hand und zeige mit ihr zu mir in das Feuer», sprach die Stimme.

Ich hob die vor mir herumliegende Wurzel auf, zeigte in Richtung Feuer, und sie verwandelte sich in einen kerzengeraden, glatt polierten Stab.

«Jetzt wirf ihn auf die Erde», sagte die Stimme.

Ich warf das Stück Holz auf die Erde, und es verwandelte sich in eine Schlange.

«Jetzt pack die Schlange am Schwanz», sagte die Stimme.

Ich packte sie am Schwanz, und da verwandelte sie sich wieder in einen Stab.

«Kannst du die länglichen Dinge auch in etwas Rundes verwandeln?», fragte ich.

Kaum hatte ich das gesagt, bog sich der Stab zu einem Reif.

«Gut», sagte ich, «das soll fürs Erste reichen. Jetzt sage mir, warum du mich hast rufen lassen.»

«Also», sprach Gott, «hör mir genau zu. Kürzlich, nach eurer Zeitrechnung vor rund 20 Jahren, aber du weißt ja, für mich ist ein Jahr so kurz wie ein Tag, kürzlich kam die Erdenbürgerin Simone de Beauvoir bei uns an und brachte von der ersten Minute an den ganzen Himmel in Aufruhr. Maria und alle weiblichen Engel hat sie aufgehetzt, alle männlichen Engel und Erzengel hat sie gegen sich aufgebracht.

Luther, die zwölf Apostel und die paar Päpste, die es im Himmel gibt, forderten mich auf, dieses Teufelsweib sofort zur Hölle fahren zu lassen. Also rief ich sie zu mir, hörte mir an, was sie eigentlich wolle, und da begriff ich, dass ich damals, als ich die Welt und die Menschen erschuf, einen Fehler gemacht hatte. Ich bin ja auch nur ein Mensch, war noch jung damals und unerfahren, warum sollte ich nicht auch einen Fehler machen.»

«Lass mich raten», sagte ich, «ich glaub, der Fehler war, dass du Männer und Frauen glauben ließest, ihre Nächte nebeneinander schlafend verbringen zu müssen.»

«Unsinn», sagte Gott, «wer behauptet denn so was. Wir mischen uns doch nicht in solche Lappalien ein. Regelt das gefälligst untereinander. Nein, mein Fehler war, den Mann über das Weib zu erheben.»

«Ach was», sagte ich. «Und jetzt?»

«Jetzt werde ich das ändern. Ich habe das Leid und das

Elend gesehen, das Männer und Frauen wegen meines Fehlers bis zum heutigen Tag erdulden mussten, das zerreißt mir das Herz, ich kann und will das nicht mehr länger mit ansehen.

Darum, mein Knecht Harry, gehe hin in alle Welt und verkündige allen Völkern, dass das Weib dem Manne nicht mehr länger untertan, sondern gleich und ebenbürtig sei. Ich widerrufe, dass der Mann das Haupt des Weibes sei, und gestatte jedem einzelnen Erdenweibe, einen eigenen Kopf zu haben und diesen so hoch zu tragen, wie es ihm gefällt.

Aber wohlgemerkt: Ebenbürtig, gleich sollen die Geschlechter einander sein. Ich will nicht den umgekehrten Fehler machen und die Frau zum Haupt des Mannes küren. Das würde auch wieder schief gehen. Darum lehre alle Völker, dass die Hälfte der Macht, der Reichtümer und der Welt hinfort dem Weibe gehören soll.

Du sollst das Ende des Patriarchats auf Erden ausrufen und den Anbruch eines neuen Zeitalters verkünden, eines Zeitalters des Friedens zwischen den Völkern und Geschlechtern.

Ihr Männer sollt eure Weiber lieben, achten und ehren, und auch die Weiber sollen euch Männer lieben, achten und ehren. Und ich verheiße euch ein Land, in dem Milch und Honig fließen werden und es kein Privatfernsehen gibt.»

«Aber manchmal ist es sehr schwer, die Frauen zu verstehen», sagte ich, «und dann ist es nicht immer leicht, sie liebenswert zu finden.»

«Dann», sprach der Herr, «sollt ihr sie trotzdem lieben.»

Donnerwetter, dachte ich, Riesenauftrag.

Aber wem und wo soll ich das alles verkünden?, fragte ich mich bang. Wenn ich mich einfach so hinstelle und erzähle, eine super Vision gehabt zu haben, wird mein Altkanzler Helmut Schmidt wieder sagen, wer Visionen hat, soll zum Arzt gehen. «Wie soll ich das machen?», fragte ich.

«Gehe zu meinem Knecht und Stellvertreter, dem Papst in Rom», sprach Gott, «erkläre ihm, dass ich dich schicke, und sage ihm, er irrt. Er und alle anderen Päpste irren schon lange, und nicht nur in diesem Punkte, aber das will ich jetzt nicht vertiefen. Sage meinem Knecht, dem Papst, er solle sofort Priesterinnen, Bischöfinnen und Kardinalinnen in großer Zahl weihen und dafür Sorge tragen, dass eine schwarze Bischöfin zu seiner Nachfolgerin erkoren werde. Ich will eine schwarze Päpstin haben. Das ist mein fester Wille!»

Das kann ja heiter werden, dachte ich. Ich soll jetzt also zum Papst gehen und sagen: Ich habe eine gute und eine schlechte Nachricht. Erstens, Gott existiert. Zweitens, du irrst.

Dann wird der Papst sagen, dass Gott existiert, wisse er eh, dazu hätte ich ihn nicht extra aufsuchen müssen, aber dass der Papst irre, sei Unfug, darum werde er mich von seiner Schweizergarde in das tiefste Verlies des Vatikans werfen lassen.

Daher fragte ich Gott: «Was ist, wenn dein Knecht, der Papst, mir nicht glaubt?»

«Dann zeige ihm diese Wurzel, und sie wird sich in einen Stab, eine Schlange und wieder in einen Stab verwandeln. Dann wird er wissen, dass ich dich geschickt habe.»

«Ich werde zaubern können?»

«Du wirst es nur dieses eine Mal können, wenn mein Stellvertreter nach deiner Legitimation fragt. Nun gehe hin und tue, wie ich dir gesagt habe.»

In diesem Augenblick erlosch das Feuer. Ein Baum voller Birnen stand unversehrt vor mir. Dunkelheit umwölkte mein Haupt. Aus dem Dunkel sah ich eine leuchtende Erscheinung auf mich zukommen. Eine weiße Frau. Sie ritt auf einem weißen Pferd direkt auf mich zu. Sie war verschleiert.

Als sie vor mir zu stehen kam, fragte ich: «Maria? Sabine?»

Die weiße Frau lüftete den Schleier, und ich blickte in das leuchtende Antlitz meiner Tochter.

«Marlene!», rief ich wie vom Donner gerührt. «Was machst du denn hier?»

Sie aber sprach: «Ich bin nicht deine Tochter Marlene. Ich bin von dieser Erde nicht. Ich bin die Himmelskönigin.»

Dann reichte sie mir ein Bild von sich und sagte: «Nimm dieses Bild und verbreite es über die Welt als Sinnbild für den Anbruch einer neuen Zeit, in der eure Töchter herrschen und das Land gerecht aufteilen sollen unter Männern und Frauen, Armen und Reichen, Weißen und Schwarzen.»

«Schon gut», sagte ich, «schon gut. Ich kenn doch meine Tochter. Und ich habe nicht das Geringste dagegen, dass du hier als Himmelskönigin durch die Welten reitest.» Ich stieg zu ihr aufs Pferd, wir ritten hinaus in die Welt, es wurde dunkel um uns, ich fiel in tiefen Schlaf, plötzlich erwachte ich auf einem Schloss in einem großen, prunkenden Saal mit einem großen, schweren Bett. Die weiße Frau beziehungsweise Marlene küsste mich auf die Stirn und sagte: «Das ist jetzt dein Schlafzimmer.»

Zufrieden lächelte ich meine Tochter an. Dann wurde es wieder dunkel, ich spürte plötzlich zwei Lippen sanft meine Stirn berühren, atmete Wohlgerüche ein, schlug die Augen auf und blickte in Katjas Gesicht.

«Hattest du einen schönen Traum?», fragte sie mich mit zärtlicher Stimme.

«Warum?», fragte ich schlaftrunken zurück.

«Du hast gar nicht geschnarcht, sondern im Schlaf gelächelt», sagte sie.

«Ja, ich hatte einen schönen Traum», sagte ich. «Mir träumte, ich bekäme ein eigenes Schlafzimmer.»

Ein Friedensangebot

Wir schreiben das Jahr 2007 nach Christi Geburt. Es ist jetzt ungefähr 3200 Jahre her, dass ägyptische Sklaven sich die grundlegende Frage stellten, warum es eigentlich Herren und Sklaven geben muss. Und sie kamen zu dem Schluss: Es gibt keinen richtigen Grund dafür. Und darum sagten sie sich: Der Pharao kann uns mal, wir hauen jetzt einfach ab.

Und das taten sie auch, wurden allerdings von den pharaonischen Truppen verfolgt, und die Sklaven dachten schon, das war's dann wohl, aber dann sahen sie, wie plötzlich vom Meer her eine riesige Welle kam und Mann und Ross und Wagen unter sich begrub, und die Sklaven waren gerettet. Da muss uns ein Gott geholfen haben, sagten sie sich, und dieser Gedanke stellte sich im weiteren Verlauf als richtig heraus, denn mitten in der Wüste sagte dieser Gott zu ihnen: Ihr seid jetzt mein Volk, und jeder von euch ist mir gleich lieb, und das könnt ihr ruhig herumerzählen.

Und so verbreitete sich in der Welt die unerhörte Idee: Alle Menschen sind gleich. Der Pharao in seiner ganzen Pracht zählt vor Gott nicht mehr als der Ziegenhirt in seinen Lumpen. Natürlich hat die Menschheit eine Zeitlang gebraucht, um so einen Gedanken zu verdauen.

Sogar den Urhebern dieser Idee, den ehemaligen Sklaven aus Ägypten, war die Sache nicht ganz geheuer, weshalb sie die Gleichheit vorsichtshalber zunächst mal auf sich selbst beschränkten. Die anderen waren Heiden, als solche unrein, also nicht ganz so gleich, und daher durfte man sich mit denen nicht vermischen. Und die Frauen, gänzlich andere Wesen als die Männer, konnte man sowieso nicht für voll nehmen.

Unabhängig von den Juden haben zur gleichen Zeit in Griechenland einige der besten Geister ebenfalls behauptet, die Menschen seien gleich. Aber auch sie meinten es dann doch nicht so radikal, wie es ursprünglich klang. Da gab es die fremden Völker mit ihren komischen Sprachen, die allesamt klangen wie *bar bar*, deshalb hießen sie Barbaren, und die waren natürlich nicht ganz so gleich wie die Griechen. Und: Der Grieche arbeitete nicht so gern. Dafür hatte man seine Frauen und Sklaven. Die konnten daher auch nicht so richtig gleich sein.

Aber dann kam Jesus und sagte: Doch, doch, das mit der Gleichheit hatte der liebe Gott von Anfang an schon ganz universal gemeint. Auch Sklaven und Frauen sind Menschen. Schock im Establishment. Skandal, riefen die Hüter der alten Lehre, der Kerl muss weg, und daher nagelten sie ihn der Einfachheit halber ans Kreuz.

Nun war dieser Jesus zwar tot, aber was er gesagt hatte, verbreitete sich jetzt erst recht. Paulus verkündete seine Botschaft sogar im ganzen Römischen Reich, und als er von den Sklaven und Frauen gefragt wurde, ob das denn wirklich stimme, dass sie vollwertige Menschen seien, wurde ihm plötzlich angst und bang und er sagte: Ja, schon, im Reich Gottes sind alle gleich, aber nicht hier, im Reich der Welt. Das Reich Gottes wird aber bald kommen, sehr bald sogar, daher lohnt es sich nicht, jetzt hier noch irgendetwas ändern zu wollen. Bereitet euch lieber auf das Kommen dieses Reiches vor, und bis dahin gilt: Das Weib schweige in der Gemeinde, und der Sklave diene weiter seinem Herrn.

Dann kam aber nicht das Reich Gottes, sondern nur die Kirche mit ihren Bischöfen und Päpsten und Fürstbischöfen, und die lehrten das Volk: Jawohl, vor Gott sind alle gleich, nach dem Tod, im Himmel. Den Platz im Himmel muss man sich jedoch hienieden im irdischen Jammertal erst verdienen, und zwar an dem Platz, der einem vom lieben Gott zugewiesen wurde. Die Mägde und Knechte dienen also ihren Herren, die Frauen ihren Männern und die Herren ihrem Papst und ihrem Kaiser.

Nicht alle haben das geglaubt, aber wenn sie das laut gesagt haben, hat man ihnen Scheiterhaufen errichtet, und dadurch wurden es im Lauf der Jahrhunderte immer weniger, die es nicht glaubten, und noch weniger, die es öffentlich aussprachen. Aber dann, viele Jahrhunderte später, hat sich plötzlich herumgesprochen, dass die Erde nicht im Mittelpunkt des Weltalls steht und sich die Sonne nicht um die Erde dreht.

Und da dachten die Leute: Wenn schon die himmlische Ordnung eine ganz andere ist, als die Bischöfe und Fürsten uns weismachen, dann stimmt auch die irdische nicht, und plötzlich stand die Welt kopf. Das kostete die Herren und Herrinnen in ihren Schlössern ihre Köpfe, und das Volk zog durch die Straßen und rief: *Freiheit, Gleichheit, Brüderlichkeit.* In Frankreich hatte das angefangen, und von da verbreitete es sich in fast ganz Europa und später bis nach Amerika.

Dann kam Karl Marx, und dem fiel auf: Grundherren und Fabrikherren waren viel gleicher als die Arbeiter, die für sie schufteten. Und als die Arbeiter das hörten, organisierten sie sich in Arbeitervereinen, Gewerkschaften, Konsumgenossenschaften und Parteien und schafften es im Lauf der Zeit, sich zu Menschen emporzuarbeiten.

Jetzt waren wirklich alle gleich. Fast alle. Genau genommen eigentlich nur der weiße Mann. Frauen waren noch immer keine vollwertigen Menschen. Und die nichtweißen Menschen in den Kolonien und in Amerika wurden, wenn sie schwarz waren, versklavt, wenn sie rot waren, abgeknallt, und der Rest wurde ausgebeutet, so lange, bis die sich dagegen wehrten und sagten: Wir sind auch Menschen, und darum sind wir auch gleich. Und dann wurden sie es auch.

Zuletzt waren es tatsächlich nur noch die Frauen, die als Ungleiche übrig geblieben sind. Das änderte sich dann aber auch. Irgendwann so ab dem Jahr 1968 herum gab es plötzlich einige Frauen, denen es missfiel, allein wegen ihrer biologischen Ausstattung an den heimischen Spülstein gekettet zu sein.

Sie träumten sich in ein Leben hinein, das frei ist von der Geschlechterfron, andere machten diesen Traum wahr, brachen aus, verließen ihre Männer, schrieben darüber Bücher, die Leserinnen diskutierten darüber, die Medien begannen, sich der Sache anzunehmen, immer mehr Frauen wurden aufmerksam, und auf einmal merkten sie: So individuell verschieden wir sind, so unterschiedlich unsere Bildung und unsere Herkunft ist, unser

Alter und unser Aussehen, so gleichartig sind unsere Erfahrungen.

Wir sind es, die zu Hause das Klo putzen, während sich unsere Männer in ihren sauberen Büros, umhegt von herausgeputzten Sekretärinnen, einen schönen Tag machen. Weiter fiel auf: Er ist es, der das Geld hat, dem das Haus gehört, das Auto und die Ferienwohnung am Meer. Ihr gehört nichts. Er hat eine Altersversorgung, sie nicht. Und bei der Heirat muss sie den Namen ihres Mannes annehmen.

Das Ergebnis dieser gemeinsamen Entdeckung war: Die individuell sehr verschiedenen Frauen, von denen jede ihre Geschichte in Ich-Form erzählt hatte, sagten jetzt: *wir*. Wir akzeptieren nicht mehr, dass wir allein aufgrund unseres Frau-Seins ins unterprivilegierte Hausfrauen- und Mütterdasein gezwungen werden. Wir wollen die gleichen Rechte, Spielräume und Entfaltungsmöglichkeiten wie die Männer.

Und nachdem dies so beschlossen war, änderte sich die Welt, wurde auf einmal eine Engländerin Premierminister und eine Deutsche Bundeskanzler. Die Premierministerin und die Bundeskanzlerin kommen zwar nicht aus der Frauenbewegung, hatten mit dieser nie etwas am Hut und sind auch sonst ganz anders, als das in der Frauenliteratur vorgesehen war. Und man macht auch die gemeinsame Erfahrung, dass man zwar frei, aber trotzdem unglücklich sein kann. Aber Glück war ja auch nicht das Ziel, sondern dessen Voraussetzung war das Ziel: Freiheit, Würde.

Jetzt leben wir in Deutschland im Jahr 36 der Frauenbewegung. Vor 36 Jahren erschien der *Stern* mit diesem berühmten Titel über die Frauen, die sich öffentlich dazu bekannt hatten, abgetrieben zu haben. Seitdem ist schätzungsweise in tausend Regalmetern Buch alles, was es über das Verhältnis der Geschlechter zu sagen gibt, von allen mehrfach gesagt und geschrieben worden. Es widerspricht inzwischen auch niemand mehr der Forderung: *Die Hälfte der Welt für die Frau.*

Aber die Welt ist damit noch nicht gewonnen, denn noch immer ist die vor 3200 Jahren entstandene Idee der Freiheit und Gleichheit in der Lage, ängstliche Gemüter zu erschrecken. Daher kann man seit 36 Jahren beobachten: Sobald aus dieser Idee praktische Konsequenzen gezogen werden, geht bei uns das Abendland unter, die ganze Diskussion fängt wieder bei Adam und Eva an, und Männlein und Weiblein fragen sich abermals, wer sie sind, wozu sie sind, warum und überhaupt.

Ein Vierteljahrhundert lang haben Frauen in diesem Land gesagt: Wir möchten einen Beruf ausüben, aber auch Kinder haben. Beides zusammen geht aber nur, wenn sich tagsüber jemand um unsere Kinder kümmert, also brauchen wir Krippen, Ganztagskindergärten und Ganztagsschulen. Ein Vierteljahrhundert lang blieb diese Forderung unerhört, die Frauen waren gezwungen, sich entweder für den Beruf und keine Kinder zu entscheiden oder umgekehrt. Viele entschieden sich gegen Kinder, jetzt haben wir das demografische Problem, und jetzt sind die Männer in Staat und Wirtschaft endlich aufgewacht und bereit, Krippen zu bauen.

Und was geschieht? Ein Aufschrei der Empörung gellt der Familienministerin in den Ohren. Der Staat will uns unsere Kinder wegnehmen, will uns in den Beruf zwingen, will die sozialistische Krippenerziehung der DDR einführen. Alles, was schon einmal Konsens war, wird jetzt wieder in Frage gestellt.

36 Jahre nach Beginn der Frauenbewegung wird noch immer versucht, die Rollenverteilung der Steinzeit fürs dritte Jahrtausend festzuschreiben. Und die Frauen in ihrer unendlichen Geduld setzen sich tatsächlich abermals ganz ernsthaft damit auseinander, statt einfach zu sagen: Bevor ihr wieder mit uns diskutiert, informiert euch erst mal aus den tausend Regalmetern Buch, die es bereits gibt. Bringt euch auf den aktuellen Stand der Diskussion, dann reden wir weiter. Bis dahin gilt: Unsere Rechte stehen seit einem halben Jahrhundert im Grundgesetz, also haltet endlich die Klappe. Oder begebt euch ins afrikanische Okavango-Delta und studiert die Jacanas. Das ist eine Vogelart, bei der die Männchen die Eier ausbrüten, während sich die Weibchen nach neuen Partnern umsehen.